MITOS
EGIPCIA

Albor
LIBROS

© 2010 Alba Libros, S.L.
  C/ Albasanz 67 1º of.26
  Tfno.: 91 571 60 01
  28037 Madrid

Edición MMXI

Albor Libros es una marca registrada de Alba libros, S.L.

I.S.B.N.: 978-84-15083-09-2
Depósito Legal: M-49347-2010

Printed in Spain
Impreso por: Closas Orcoyen

SUMARIO

MITOLOGÍA EGIPCIA

INTRODUCCIÓN: LA ADMIRADA Y ADMIRABLE CIVILIZACIÓN EGIPCIA 8

ESTADO Y RELIGIÓN EN EL EGIPTO ANTIGUO 11

CRONOLOGÍA DE LOS PRINCIPALES PERÍODOS DE LA CULTURA EGIPCIA 14

SOCIEDAD Y COSTUMBRES 17

LA CIENCIA EN EGIPTO 21

SACERDOCIO Y TEMPLOS 22

LAS FUENTES DE LA MITOLOGÍA EGIPCIA 27

PRIMERAS IDEAS RELIGIOSAS, EL MITO DE LA CREACIÓN Y LOS DIOSES PRIMIGENIOS: 29

- PTAH: EL DIOS DE LA CREACIÓN 30

- EL MITO DE LA CREACIÓN EN MENFIS 31

- AMÓN Y LA OGDÓADA 32

- TEBAS: AMÓN COMO ÚNICO DIOS CREADOR 33

EL ORIGEN DEL HOMBRE: JNUM 36

EL DIOS DE LAS TINIEBLAS: APOFIS 38

LOS GRANDES DIOSES Y GRANDES MITOS 41
- RA: EL DIOS DEL SOL Y EL LINAJE DIVINO
  DE LOS FARAONES 41
- AMÓN: "EL SER ESCONDIDO" 47
- MUT: LA MADRE DEL MUNDO 51
- PTAH: EL MÁS GRANDE DE LOS DIOSES
  DE MENFIS 52
- SEKHMET: LA ESPOSA DE PTAH 54
- NEFER-TEM: EL HIJO DE PATH 54
- I-EM-HETEP: EL DIOS DE LA MEDICINA 55
- KHNEMU O JNUM: EL GRAN DIOS DE LA ISLA
  ELEFANTINA 56
- SATET : CONSORTE DE KHNEMU 58
- ANQET: HERMANA DE SATET 59
- HAPI: EL DIOS DE NILO 60
- NUT: LA DIOSA DEL CIELO 61
- MAAT O MA´AT: LA DIOSA DEL EQUILIBRIO
  Y LA VERDAD 62
- ATÓN: EL DISCO DEL SOL 63

OSIRIS: EL DIOS DE LA MUERTE Y
LA RESURRECCIÓN 64
- EL MITO DE OSIRIS 65
- EL MALVADO SET: EL DIOS DEL DESORDEN ... 68
- HORUS Y SET: EL ENFRENTAMIENTO 72

- NEFTIS: LA INFIEL ESPOSA DE SET 79
- ANUBIS: EL DIOS CHACAL QUE GUIABA A
  LOS MUERTOS 81
- THOT: EL ESCRIBA DIVINO Y GRAN SEÑOR
  DE LOS LIBROS 82
DIVINIDADES PROTECTORAS 84
- ISIS: LA DIOSA UNIVERSAL 84
- HATHOR: DIOSA DEL AMOR, LA FECUNDIDAD
  Y LA EMBRIAGUEZ 88
LAS DIOSAS DE LA FECUNDIDAD 92
- BASTET: LA DIOSA GATO 93
OTRAS DIOSAS: NEIT SATIS 96
LAS DIVINIDADES EXTRANJERAS 97
- BAAL: DIOS DEL TRUENO Y DE LA GUERRA 97
- ANAT: LA DIOSA SIRIA AMADA POR
  LOS RAMÉSIDAS 98
- ASTARTÉ O ASHTHORETH: "LA SEÑORA DE
  LOS CABALLOS" 99
- EL MITO DE LAS ESPOSAS DE SET 99
- QUETESH O QUDSHUD: DIVINIDAD DE LA
  NATURALEZA Y EL AMOR 101
- RSHPU: OTRO "SEÑOR DE LA GUERRA" 102
- BES: LA DEIDAD AFRICANA 102
LOS ANIMALES SAGRADOS: 104

- APIS: EL TORO SAGRADO 105
- EL COCODRILO 109
- EL LEÓN 111
- EL GATO 112
- EL PERRO 113
- EL HIPOPÓTAMO 113
- EL IBIS 114
- EL HALCÓN Y OTRAS AVES SAGRADAS 115
- EL ESCARABAJO SAGRADO 116
ÁRBOLES Y PLANTAS SAGRADOS 117
DIVINIDADES MENORES 119
HOMBRES QUE ERAN DIOSES: LOS FARAONES 120
- EL MITO DE TUTMOSIS 125
- HATSHEPSUT: LA HISTORIA DIVINA
  DE UNA FARAONA 126
LA REVOLUCIÓN DE AMARNA: AKHENATÓN 127
- EL ARTE DEL TELL-EL-AMARNA 132
LA PREPARACIÓN PARA LA ETERNIDAD 134
- LA MOMIFICACIÓN 135
- LAS AYUDAS A LOS MUERTOS 139
- ENTIERROS, SARCÓFAGOS Y TUMBAS 140
- LA PIRÁMIDE 145
- EL VIAJE POR EL MUNDO DE LAS SOMBRAS 149

- LOS TEXTOS MÁGICOS: PROTECCIÓN
  Y DESTINO FINAL DEL ALMA *152*
- LA TIERRA DE LOS JUNCOS Y LOS SIERVOS
  DE LOS MUERTOS *154*
- EL LUGAR DEL CASTIGO *156*
- LOS MUERTOS COMO LOS PROTECTORES
  DE LOS VIVOS *157*
- EL DESCANSO ETERNO Y LA MALDICIÓN
  DE LA MOMIA *158*

LA MAGIA *159*
- LA HISTORIA DE SETNE Y EL LIBRO MÁGICO *163*
- LA MAGIA MÉDICA Y LA ALQUIMIA *167*
- EL DIOS DE LA LUNA Y LA PRINCESA DE HATTI *169*

DICCIONARIO MITOLÓGICO EGIPCIO .... *171 a 224*

INTRODUCCIÓN: LA ADMIRADA Y ADMIRABLE CIVILIZACIÓN EGIPCIA

Mircea Eliade en su magnífico libro *Historia de las creencias y las ideas religiosas* expone la singularidad de la civilización y cultura egipcias, sin duda la más esplendida y sorprendente de la Antigüedad.

Todavía en nuestro tiempo el nacimiento de la civilización egipcia causa asombro a los historiadores. Durante dos milenios largos, los que precedieron a la formación del "Reino Unificado", las culturas neolíticas se desarrollaron de forma similar a las de otros países y sin modificaciones profundas. Pero en el cuarto milenio, al contactar con la civilización sumeria, se produjo en Egipto una auténtica mutación, importando el arte de la construcción en ladrillo, el cilindro-sello, motivos artísticos y, especialmente, la escritura, que sin ningún tipo de precedente, hacia el 3000 a.C., en los comienzos de la I Dinastía, irrumpe en la cultura egipcia.

Sin embargo, muy pronto todas las creaciones egipcias adquirirán un estilo propio, inconfundible y característico, que se pondrá de manifiesto en todos los aspectos de la vida y de la muerte. Bien es cierto que la geografía de este pueblo, distinta de la de Mesopotamia, la civilización de la que había tomado tantos ejemplos, propició una evolución distinta. Egipto estaba naturalmente protegido por el desierto, el Mar Rojo y el Mediterráneo. Hasta la invasión de los hicsos, 1674 a.C., no se conoció en el país el peligro de una amenaza llegada del exterior de sus fronteras, por lo que Egipto permaneció en un cierto aislamiento.

Durante más de 3.000 años mantuvo sus patrones religiosos y artísticos, articulados, principalmente, alrededor del dogma de la condición divina del faraón, representante de un dios encarnado.

La belleza, la grandeza y la originalidad de de un arte, profundamente enraizado en la religión, hicieron que la civilización fuese admirada desde siempre, maravillando a los viajeros de la Antigüedad, entre ellos, al incansable Heródoto, que ya cantaba las hermosuras de este país único en el siglo IV a.C., al igual que Estrabón y Diodoro.

Todavía hoy, cuando parece que ya no queda nada por descubrir, las arenas del desierto siguen ofreciendo sorpresas a los arqueólogos que trabajan en ellas, sacando a la luz los restos de aquella cultura que alcanzó un grado de civilización incomparable. Reyes, dioses, sacerdotes, pirámides y templos emergen para sorprender y cautivar a los hombres del siglo XXI que se rinden ante los exponentes de una civilización tan antigua como avanzada, que aún se nos presenta enigmática y fascinante como pocas.

Su admirable sentido de la vida y de la muerte, su fe profunda en los misterios del más allá, en la fuerza y la espiritualidad de todo lo creado, harán que por las páginas de este libro desfilen desde los dioses-reyes, a otros dioses de su innumerable panteón, que eran cocodrilos, vacas, hipopótamos o ibis, gatos, chacales y halcones, o el mismo Sol, la divinidad suprema que, junto con el gran padre y dios Nilo, hacía posible la vida en ese milagro que se llama Egipto.

ESTADO Y RELIGIÓN EN EL EGIPTO ANTIGUO

La civilización y la cultura egipcias influyeron en muchos pueblos de la Antigüedad clásica. La tierra de los faraones siempre fue admirada, pero a partir de 1798, cuando Napoleón Bonaparte y sus tropas conquistaron Egipto, la pasión por esta cultura invadió todo Occidente.

Un gran hallazgo, la piedra Rosetta, en la que aparecía un texto en caracteres jeroglíficos, demóticos y griegos, ayudó al francés Champollion a descifrar la escritura egipcia que, durante miles de años, había permanecido a la vista de todos, sin que nadie hubiera conseguido darle un sentido. En muchos momentos de la historia se consideró que eran simples adornos, elementos decorativos, carentes de una significación. Pero el descubrimiento de Champollion, en el que trabajó durante años, abrió para el mundo las páginas de la historia, vida y religión que los egipcios habían escrito en los miles de papiros encontrados y en las paredes de templos y tumbas. Es por eso que hoy conocemos tanto de esta antigua civilización.

Aunque hay referencias de que Egipto ya estaba poblado hace más de 10.000 años, según la tradición, el país se unificó y se configuró como un Estado gracias a su primer soberano, Menes, que provenía del sur de país. Levantó la nueva ciudad del Estado unificado en Menfis, cerca de la actual ciudad de El Cairo. Allí tuvo lugar la primera ceremonia de coronación y, durante tres mil años, los faraones se coronaron en Menfis, posiblemente, con una ceremonia muy similar a la de Menes.

El nacimiento del Estado unificado tuvo un profundo sentido religioso que articularía toda la civilización egipcia. El faraón era el dios encarnado, el dios viviente, que instauraba una civilización que iba mucho más allá y era superior a las que se habían desarrollado en las dispersas aldeas neolíticas. La divinidad del faraón garantizaba la estabilidad de este nuevo mundo que era preciso preservar. Como el faraón era inmortal, su fallecimiento sólo representaba que dejaba la tierra para marchar al cielo. La continuidad de un dios encarnado a otro dios encarnado, aseguraba el orden social y religioso.

Durante las primeras dinastías faraónicas tuvieron lugar las creaciones políticas y culturales más relevantes, de forma que se fijó un modelo que permanecería, prácticamente inalterable, durante quince siglos. A partir de la V Dinastía, entre los años 2500-2300 a.C., el patrimonio cultural egipcio ya no se vio incrementado por ninguna creación importante u original. Pero lo que los investigadores europeos tomaron como inmovilismo, tanto en el arte como en la teología, no era más que un deseo de mantener intacta la primera creación, que se consideraba como la más perfecta en los terrenos cosmológico, religioso, social y ético. Los cambios se interpretaban como el peligro de retornar a las formas primitivas del caos y, por lo tanto, un triunfo de las fuerzas demoníacas.

Hacia el año 1450 a.C., el Egipto faraónico alcanzó sus momentos de máximo esplendor. Extendía su territorio desde las fronteras con Libia, en el oeste, hasta el río Éufrates, en el este. Al sur limitaba con los desiertos nubios y hasta Siria en el norte. Pero el corazón del Imperio estaba donde siempre estuvo, en las orillas del Nilo, un vergel en medio de los desiertos que lo rodeaban, y sobre los que los egipcios construyeron su visión personal del mundo.

Aun después de la unificación, siempre se habló del Bajo Egipto, que comprendía lo que es el delta del Nilo, y por lo tanto la parte más feraz y el Alto Egipto, que iba desde Menfis, donde acababa el delta, hasta Asuán mucho más al Sur, en una zona más desértica. Sus dioses eran, respectivamente, Set y Horus y como es natural, existía una gran diversidad de divinidades locales y de distintos mitos sobre la creación universal en los cultos de las principales ciudades del Imperio que eran Menfis y Heliópolis.

Pero, a pesar de las diferencias, había una serie de cuestiones fundamentales que, religiosamente hablando, eran comunes, como las que se referían a las fuentes de la vida que los egipcios contemplaban en su entorno, como el Nilo, con crecidas anuales que permitían la regeneración constante de la vida vegetal y animal, o el Sol, que bajo cualquier aspecto divino o bajo cualquier advocación, se encontraba situado en la cúspide del panteón egipcio, como Ra, y cuyo centro de culto se situaba en Heliópolis.

El faraón, dignidad suprema en la tierra, descendiente directo de los dioses, representaba la unión entre el cielo y la tierra, entre las divinidades de las que era hijo y sus súbditos y sus fieles. Por eso cada faraón era divinizado y se le rendía culto en ceremonias y templos a los que sólo tenía acceso el faraón y los sacerdotes.

CRONOLOGÍA DE LOS PRINCIPALES PERÍODOS DE LA CIVILIZACIÓN EGIPCIA

La historia de Egipto podría decirse que empieza con la unificación de los dos grandes reinos: el Alto y el Bajo Egipto. A lo largo de milenios, se fueron sucediendo las dinastías faraónicas, pero para que podamos tener una visión más clara de las épocas de esta civilización, adjuntamos una cronología, partiendo de los períodos y fechas de Georg Steindorff, siempre con algunas reservas, pues existen áreas de tiempo que, todavía hoy, se presentan un tanto oscuras, cuando no desconocidas, existiendo cierta disparidad de fechas, según el autor que se consulte.

Imperio Antiguo - 2900-2270 a.C.

Comprende desde la I hasta la IV Dinastía. Es el despertar de la cultura egipcia, y el período en que crean las primeras leyes civiles y religiosas. Primera escritura y los inicios del lenguaje artístico. En la IV Dinastía, los faraones Keops, Kefrén y Micerinos, levantan las pirámides de Gizeh.

Entre 2270-2100 a.C. se produce el *Primer período intermedio*, con el derrumbamiento del Imperio Antiguo. Se mantiene un Imperio ficticio en Menfis, mientras que los gobernadores provinciales se hacen fuertes. Comprende desde la VII a la X Dinastía, y durante este tiempo, se suceden más de treinta reyes.

Imperio Medio - 2100-1700 a.C.

Príncipes tebanos derrotan a los reyes de Heracleópolis y reunifican, de nuevo, el país. Es una época de gran renacimiento cultural, que va desde la XI a la XIII Dinastías, con cuatro grandes faraones, de nombre Amenemhet y tres, de nombre Sesostris.

El *Segundo período intermedio* se produce con la invasión de los hicsos o "reyes pastores", 1700-1555 a.C. Este pueblo, de origen semita, invade Egipto, lo conquista y domina durante un siglo largo.

Comprende desde la XIV hasta la XVI Dinastía. El dominio hicso acabará con su expulsión del país por un príncipe tebano de la XVII Dinastía.

Imperio Nuevo - 1555-1090 a.C.

Desde la XVIII a la XX Dinastía, se produce el apogeo de Egipto en su dimensión política. Las conquistas de Tutmosis III establecen comunicaciones con Asia Menor y aportan muchos tributos al país que se enriquece. Se construyen numerosos palacios. Amenofis III estabalece relaciones con los reyes de Babilonia y Siria. Su hijo, Amenofis o Amenhotep IV inicia la reforma religiosa de Atón y levanta la ciudad del Tell-el-Amarna. Esta reforma no sobrevive a su rey. Su sucesor Tutankhamón, yerno o hijo suyo, se traslada, de nuevo, a Tebas. La cima de su poder la alcanza Egipto con los príncipes de la XIX Dinastía. Ramsés II, reina durante sesenta y seis años y levanta monumentos fastuosos. Después de su muerte, se produce la anarquía, hasta que Ramsés III restablece el orden y la paz a lo largo de veintiún años de reinado, tras los que Egipto está cada vez más dominado por los sacerdotes de Amón.

Entre 1090-712 a.C. se alternan en Egipto épocas de prosperidad y de gran decadencia. Es el *Tercer período intermedio*. De los comprendidos entre la XXI y la XXIV Dinastía, es relevante Sesonkis I, que conquista Jerusalén y saquea el templo de

Salomón. Bajo la XXIV Dinastía, Egipto se ve, en varias ocasiones, convertida en una posesión de Etiopía.

La época tardía - 712-525 a.C.

En la XXV Dinastía, Egipto es conquistado por los asirios, bajo el mando de Asarhadón. La dinastía siguiente consigue unificar Egipto, pero sin la región etíope. Las relaciones con Grecia producen un interesante intercambio comercial y cultural. El último rey de esta dinastía, Psamético III, es derrotado por el rey persa Cambises, y Egipto pasa a convertirse en una provincia persa. La historia egipcia, como creadora y desarrolladora de una cultura independiente, termina en el año 525.

El dominio persa - 525-332 a.C.

La dominación persa, iniciada por Cambises, se verá reforzada con Darío I, Jerjes y Darío II. La cultura egipcia del momento vive, única y exclusivamente, de las tradiciones de los tiempos gloriosos. El país del Nilo ha pasado a ser "el botín de los pueblos fuertes".

El período grecorromano - 332 a.C.- 63d.C.

Alejandro Magno conquista Egipto en el año 332. Funda Alejandría que será el centro de la cultura helenística. Cuando se derrumba el imperio de Alejandro y uno de sus generales, Ptolomeo III, devuelve al país su soberanía política y lo convierte en una nación independiente. En los dos siglos que preceden al inicio de nuestra era, Egipto va cayendo bajo la órbita romana, y los faraones sólo mantienen la ficción de un verdadero Estado. Conquistada por Augusto, se convertirá en una provincia romana, granero del Imperio. El cristianismo penetra pronto en Egipto y en el 640 de nuestra era, pasa a ser una provincia de los califas del Imperio árabe, para luego pasar a ser del Imperio turco. Hasta principios del siglo XX, no recobraría su identidad como país independiente.

SOCIEDAD Y COSTUMBRES

Profundamente religioso, el pueblo egipcio compartía su vida con las divinidades de forma tal que no había un término concreto para referirse a la religión, pues todo era, bajo su punto de vista, la religión misma: los dioses, el mundo, la creación entera formaban parte de un orden cósmico conocido como *ma'at*, que también definía la justicia y la verdad.

Y este pueblo era de natural pacífico, dedicado principalmente a la agricultura. Debido a su aislamiento, su estabilidad política fue muy grande. Regida por los faraones, la vida se desarrollaba bajo un sistema feudal, en el que el monarca tenía bajo su directo control a sus colaboradores más importantes. A sus vez, éstos moldeaban sus feudos según las directrices reales. Eran los nomarcas que podríamos definir como los gobernadores regionales. Existía una potente burocracia desempeñada por muchos cargos oficiales, generalmente, miembros de la familia real. Un canciller o visir era el responsable directo del gobierno del país, de las finanzas y la administración legal. A su vez las fuerzas rectoras se apoyaban en el ejército y el clero, que legitimaban las actuaciones de la aristocracia. Les seguían en importancia los intelectuales y magnates, seguidos de los artistas y comerciantes.

Los campesinos ocupaban la parte más baja de la pirámide social. Estaban unidos a la tierra, eran laboriosos y pacientes. La campesina, al igual que su marido, trabajaba la tierra con él cuando era preciso y se ocupaba de los hijos y la casa. Se casaba muy joven, alrededor de los quince años, y su vida transcurría en un continuo laborar dentro y fuera de sus dominios hogareños. Como en todas las civilizaciones y como en tantos siglos a lo largo de la historia, el campesino rara vez veía cumplidas sus necesidades y sus aspiraciones, y sorprende que sus condiciones de vida no desembocasen en rebeliones, que no se producían, precisamente, por la religiosidad y por la esperanza en la vida del más allá en el espíritu de los egipcios. De las únicas rebeliones que se tienen noticia entre las clases bajas, fueron las que realizaron para tener acceso, también ellas, a la momificación y a un enterramiento digno para asegurarse, así, la vida eterna.

Fue hacia el 2200 a.C. con la muerte de Pepi II, último faraón de la VI Dinastía, cuando Egipto fue preso de las convulsiones sociales. La anarquía se adueñó de un país tan disciplinado y estratificado y estalló la guerra civil entre los dos reinos del norte y del sur, cuya capital era Tebas. Vencieron los tebanos que, de nuevo, reunificaron Egipto, pero, mientras tanto, la figura del faraón y su potestad divina, quedaron seriamente dañados. Las tumbas reales fueron saqueadas y los cuerpos sacados a la intemperie, en lo que se consideraba una terrible profanación. El pueblo no dudó en destruir las tumbas sagradas de los antepasados y llevarse las piedras para elevar su propia sepultura, al tiempo que la literatura de la época pone de manifiesto un cierto escepticismo sobre la vida del más allá. Este período, conocido como Período Intermedio, daría paso al Imperio Medio, entre 2040 y 1730 a.C., con una serie de grandes faraones que estabilizaron el país y bajo cuyo mandato Egipto gozó de prosperidad económica y de un gran prestigio internacional.

Al mismo nivel que los campesinos estaban los artesanos y obreros. Por cierto que los obreros sí fueron mas reivindicativos. Se dice que los de Deir- el- Medina hicieron la primera huelga de la historia. Estaban construyendo la tumba de Ramsés III cuando se declararon en huelga porque se les debía dos mensualidades. El retraso de los salarios, unido a unas condiciones de trabajo de gran dureza, les hizo abandonar sus herramientas y se plantaron al grito de "¡Tenemos hambre!". Cobraban en especies que constituían su alimento diario y sus demandas fueron atendidas.

Y por debajo de todos ellos estaban los esclavos.

En cuanto a la ley egipcia no se conoce ningún código concreto. Posiblemente se rigieran por una ley tradicional, que permitía elevar una queja a los grandes dignatarios e incluso al mismo faraón. El testimonio debía prestarse bajo juramento, en cuya fórmula siempre se hacía referencia al faraón, que por algo estaba considerado como un dios. La tortura se empleaba muy rara vez y los castigos estaban en relación con la falta cometida. Si el crimen era grande, se aplicaba la pena de muerte, con la decapitación del reo, aunque también se admitía que pudiera matarse uno mismo. Para faltas más leves, los azotes o las mutilaciones de la nariz solían ser bastante habituales, así como las multas o el destierro. Las mujeres podían heredar, aunque no eran las dueñas absolutas de su herencia. Si estaba divorciada, su dote no se podía confiscar. También tenían acceso a practicar la medicina y algunas llegaron a ocupar grandes puestos administrativos.

La familia era la base de la sociedad, y tanto el celibato como la virginidad no estaban bien vistos. Los hombres debían orientarse al matrimonio, encontrando a una mujer digna. Generalmente recurría a algún intermediario familiar y las muchachas entre los 12 y los 15 años, ya se consideraban casaderas. Las clases altas solían contraer matrimonios entre hermanos, y las condiciones de dicho matrimonio se fijaban mediante un contrato. Los egipcios eran monógamos, si bien los faraones y también la alta nobleza, se casaban más de una vez atendiendo a razones de conveniencia y de Estado, lo que llegó a configurar harenes de cierta importancia. No se conoce bien si existía alguna ceremonia religiosa para celebrar el matrimonio o si sólo se procedía a una ceremonia civil.

La prostitución y el adulterio tenían muy mal concepto entre los egipcios, más por consideraciones prácticas que por conceptos morales. Las prostitución, desempeñada casi en exclusiva por extranjeras, estaba considerada un mal menor, pero podía arruinar la economía familiar y el adulterio alteraba la estabilidad familiar que de tanta estima gozaba en la sociedad egipcia.

En cuanto a la forma de vestir, aunque la moda fue cambiando a lo largo de los siglos, debido al calor y la humedad, las ropas eran de algodón muy ligero y no sentían ningún reparo ante el cuerpo desnudo. Los hombres llevaban una especie de taparrabos o una faldilla corta. Las mujeres usaban telas finísimas, transparentes, a menudo en plisados de gran elegancia. Sólo se llevaban túnicas cuando refrescaba. Todos llevaban peluca, porque la cabeza se rapaba, bien como reminiscencia de algún ritual muy antiguo, o bien como una medida higiénica, porque los egipcios, no importa a qué clase social pertenecieran, eran extremadamente limpios. El calzado consistía en unas sandalias, también muy ligeras, que se confeccionaban con papiro tratado o con cuero.

LA CIENCIA EN EGIPTO

Alcanzó un alto grado en muchos campos, pero llegó a un punto, como en otros aspectos de la vida y la cultura egipcias, en que se estancó y así permaneció durante siglos, al tiempo que todas las innovaciones que venían de fuera se veían con escepticismo y desconfianza.

Para darnos una idea de los adelantos egipcios, podemos decir que en el año 3000 a.C. ya conocían la aleación del cobre y la fundición de oro y plata. Empleaban el papiro y se conocían los numerales. Alrededor del 2772 a.C. se introduce el calendario de 365 días, dividido en 12 meses de 30 días. Se inicia la construcción de la pirámide de Keops, siguiendo medidas astronómicas.

Conocían la astronomía y las matemáticas, entre los años 2250 y 1500 a.C. también la numeración decimal, se redactaron 85 problemas matemáticos en escritura hierática y se utilizaban las fracciones. Calculaban las áreas del cuadrado, del rectángulo, del trapecio y del triángulo. Tenían localizados cinco planetas, además de la Osa Mayor y las Estrellas Cisne, Orión y Sirio. Hacia el 700 a.C. lograron la aproximación más acertada al valor de "Pi", de todos los pueblos de la Antigüedad.

Aproximadamente sobre el 1300 ó 1250 a.C. se inventó el *shaduf*, la máquina más antigua para regar, fruto de la necesidad de los campesinos de llevar el agua del Nilo hasta sus cultivos, sin tener que cargar sobre los hombros pesadas vasijas. El ingenio era tan útil como simple. Consistía en un palo clavado en la tierra sobre el que se apoya otro palo en vertical en cuyo extremo se colgaba un recipiente que, desde una distancia notable, podía introducirse en las aguas. Ayudado de un contrapeso, un solo hombre podía extraer hasta 2.700 litros de agua diariamente.

También sobre estas fechas, se data el mapa geológico en papiro más antiguo y el segundo geográfico, en el reinado de Ramsés III.

Y en lo que destacaron, especialmente, los egipcios fue en medicina. Las prácticas de la momificación posibilitaron un gran conocimiento del cuerpo humano y, aunque la medicina no se libraba de ciertas fórmulas mágicas, lo cierto es que fueron expertos en traumatología, desplazando vértebras y curando fracturas. Los médicos se especializaban en un tipo de dolencias y sólo podían dedicarse a ella. Existían tratados de medicina desde la I Dinastía e incluso llegaron a establecer un sistema parecido a la Seguridad Social. Hay que tener en cuenta que, una gran parte de la población, trabajaba para el faraón y éste, consciente de la importancia de la salud, la fiscalizaba desde su poder político. Por eso se creó un sistema de medicina gratuita y generalizada.

El mayor título que podía alcanzar un médico era el de Jefe de los Médicos del Alto y Bajo Egipto, pero el mejor puesto, lógicamente, era el de "médico superior de la corte" y también el de mayor responsabilidad.

SACERDOCIO Y TEMPLOS

En un pueblo tan religioso es natural que la figura del sacerdote estuviera muy valorada, y, aunque su poder varió a lo largo de los siglos, hubo momentos en que la casta sacerdotal fue tanto o más poderosa que la casa real y el mismo faraón. Los centenares de templos que poblaban Egitpto contaban con grandes extensiones de tierras, para las que trabajaban un gran número de personas. En el Nuevo Imperio, era tal el poder y la riqueza de los sacerdotes de Amón que mandaban más que el faraón. Bajo Ramsés III, se estima que entre sacerdotes, subordinados y sirvientes, se dedicaban en exclusiva a este culto unos ochenta mil hombres, sin contar los fieles. Su riqueza era tal que poseían cien mil cabezas de ganado. No obstante, los faraones, conscientes de esta situación, intentaban, dentro de lo posible, mermar el poder sacerdotal y nombraban a sus familiares como oficiales principales de los templos para controlar que los sacerdotes no acumulasen un poder que pudiera hacerles sombra.

En épocas muy antiguas, los grandes terratenientes asumían también las funciones sacerdotales, pero con el paso del tiempo, se creó una clase exclusiva y profesional de sacerdotes, con disciplina y funciones muy específicas y en ningún momento se combinó el poder sacerdotal con el poder laico.

Los sacerdotes propiamente dichos se llamaban *hen neter*, siervo de dios, o *uab*, el puro. En algunas ciudades los sacerdotes jefes tenían un título propio como, por ejemplo, en el templo del dios Ptah, conocido por *Korp hemtiu*, Jefe de los Artífices, o en Heliópolis, *Ur Ma*, el Gran Vidente. En Tebas se le llamaba el Primer Profeta de Amón. Los sacerdotes que presidían los rituales eran conocidos por los *kheri-heb*.

El sacerdocio estaba sometido a deberes y disciplinas muy rígidas. Debían purificarse y limpiarse con sumo cuidado. Sus vestiduras, de lino fino y blanco, tenían que estar siempre impolutas y sus cabezas cuidadosamente rapadas. Si estaba de servicio, después de lavarse, recitaba ciertas plegarias acompañándolas de gestos rituales, en preparación para la ruptura del sello que cerraba el santuario. Se postraba ante el dios y después de ciertos ritos, le presentaba una imagen de la diosa Maat, la Verdad. Al dios se le ofrendaba una comida que solía estar compuesta de carne, patos o gansos, pan y cerveza, que era la bebida nacional; después de consumirlos regresaba a su sepulcro y no reaparecía hasta el día siguiente. El sacerdote que oficiaba este ritual parecer ser que representaba a Horus, hijo de Osiris, el dios asesinado, y que como buen hijo, velaba por el bienestar de su padre más allá de la muerte, al igual que hacían todos los egipcios con sus familiares muertos.

El resto del día lo dedicaba el sacerdote a la meditación y el estudio, que tanto podía ser teológico como científico o artístico.

Los primeros viajeros griegos, Heródoto y Estrabón, quedaron admirados de los conocimientos de los sacerdotes egipcios y así lo hicieron constar en sus escritos, especialmente de los del Colegio de Tebas, que habían alcanzado un alto nivel en el pensamiento filosófico. También había otros colegios, casi tan importantes como el de Tebas, en Anu, en On o Heliópolis.

Pero como cada nomo o provincia, tenía su propio gran templo, con su gran dios particular, según la riqueza del lugar, así lo eran también el templo y la clase sacerdotal. En Abydos o Siut, los sacerdotes dedicados al culto local eran, en el primer caso cino y diez en el segundo, y los templos más pequeños no nadaban, precisamente, en la abundancia. El sacerdote jefe recibía un pequeño salario y sus ayudantes algo de trigo y comida.

También existían sacerdotisas que realizaban oficios religiosos en los templos, sobre todo, en los dedicados a las diosas. Más tarde, actuaron como danzarinas y tocando música en los templos de los dioses masculinos.

En los tiempos más primitivos el templo no era más que una sencilla capillita de mimbre trenzado con espacio para guardar los símbolos del dios y poco más. A modo de altar, una sencilla esterilla hacía las veces de ara. Con el paso del tiempo esta construcción tomó consistencia, pero siguió siendo sencilla: una pared construida en torno a una estela del dios, que se acabó techando.

Pero ya con el Nuevo Imperio, las construcciones de los templos empezaron a complicarse, aunque los espacios variaron poco de los de las ideas primitivas. La forma seguía siendo la de un muro circundante, que tenía la puerta de entrada flanqueada por torres. Ante esta puerta dos estatuas colosales del faraón y dos obeliscos. Detrás se situaba el santuario propiamente dicho, en el que se guardaban los símbolos de la divinidad a la que estaba dedicado el templo.

A medida que se cimentó el poder del faraón, los templos se hicieron mayores y se ampliaron. Una calle ancha, como una especie de avenida flanqueada por figuras de leones, carneros o bien otros animales sagrados, daba acceso a la puerta del templo. En la parte posterior del templo, había puertas que en caso de ataque, servían para huir, mientras que las torres situadas a cada lado de la puerta principal, podían servir para defenderlo. En unos postes altos, se colocaban banderas de colores vivos, para alejar las malas influencias, así como el símbolo del Sol en forma de disco alado. Con frecuencia estas puertas de acceso eran de madera, un material muy preciado en Egipto porque era escaso, al igual que los árboles. Los muros exteriores estaban profusamente decorados con inscripciones de colores brillantes, que solían representar las hazañas del faraón, fundador del templo, o alusiones a la propia deidad. Cumplía así el templo una doble función, la de glorificar al dios rey y servir de morada al dios. Dentro se abría un patio de columnas, donde se celebraban los grandes festivales en los que participaba el pueblo, pues el lugar interior del templo propiamente dicho, el lugar más santo, estaba vedado a los fieles.

Este lugar santo constituía la sala principal del templo, de forma rectangular que tenía una puerta de celosía. Allí se encontraban los símbolos del dios, o la jaula del animal sagrado. En los laterales, unas habitaciones oscuras, a modo de nuestras sacristías, servían para guardar las vestiduras sagradas y los ornamentos de culto, entre ellos, la barca sagrada o los pendones de las procesiones.

La luz iba desde el resplandor del sol del patio exterior hasta la oscuridad, prácticamente total, del lugar más santo, donde los techos eran más bajos. Tanto los muros interiores del templo, así como sus columnas, estaban primorosamente tallados con escenas de los ritos a la deidad.

En el gran recinto del templo, se encontraban también lagos en los que navegaba la barca sagrada, las residencias de los sacerdotes, e incluso jardines que albergaban pequeños palacios. Los caminos exteriores del templo conducían a otros templos cercanos, a veces a través de populosas ciudades, mientras que, en un lado de estos caminos, había escaleras que bajaban hasta las orillas del Nilo, donde anclaban las barcas que llevaban tanto a los faraones como a los devotos, hasta los templos. Las procesiones sagradas, en las que se llevaban las imágenes del dios, se hacían por estos caminos. El faraón los recorría para presentar las ofrendas a las divinidades y los muertos los recorrían, también, para llegar a sus enterramientos, cerca del Nilo.

Muchos de estos templos pueden contemplarse hoy casi intactos, con la misma belleza y grandiosidad con la que fueron creados, siendo exponentes de la fe de los antiguos egipcios y su capacidad arquitéctonica.

LAS FUENTES DE LA MITOLOGÍA EGIPCIA

Muchos de los mitos, historias y leyendas del Antiguo Egipto nos han llegado a través de autores griegos, principalmente de Heródoto, pero la fuente de información más importante nos ha sido transmitida por los abundantes textos que aparecían en las tumbas y los sarcófagos.

La finalidad primordial de estos textos e imágenes eran de la proteger al difunto, pero, gracias a ellos, hemos conocido los grandes temas de la mitología y religión egipcias, como el mito de la creación, la vida en el más allá o las características de los dioses. También tienen un gran valor las inscripciones de las paredes de los templos, que resultan un libro abierto en el que se exponen salmos, oraciones, conjuros e himnos.

El interior y el exterior de los sarcófagos de aquellos que podían permitirse un gran entierro, estaba profusamente tallado con explicaciones sobre ideas religiosas y los grandes mitos. En los *Textos de los Sarcófagos* de Bersha, cerca de Hermóplis, encontramos, por ejemplo, "la masturbación divina de Atum", mediante la que infundió la vida o creó a a otros dioses.

De todas formas, los textos más antiguos, conocidos de manera general como *Textos de las Pirámides*, parece que se remontan a fechas tan lejanas como el tercer milenio antes de nuestra era y se grabaron en las paredes de nueve pirámides pertenecientes al Imperio Antiguo, si bien parecen limitados a las referencias de los faraones. En el Imperio Nuevo, estos textos, tal vez refundidos con los *Textos de los sarcófagos*, dieron lugar al *Libro de los Muertos*, que se reproducía, de manera individual para cada fallecido. Estos textos eran conocidos como "Capítulos de lo que ha de venir con el día" y pasaron a escribirse sobre papiros. Según el poder económico del muerto, así era el número de "capítulos" que, enrollados, se colocaban en el interior del sarcófago, junto a los restos del difunto. En algunas ocasiones, podían ser hasta doscientos. En uno de ellos, fechado alrededor de siglo IV a.C., volvemos a encontrar una idea que ya venía de los *Textos de los Sarcófagos* y trataba de Atum como el "todo primigenio".

Como veremos, era vital conocer y pronunciar bien las palabras que, después de muerto, el egipcio debía decir para acceder a la eternidad, en el momento definitivo en el que Osiris procedía a pesar las almas y a emitir el veredicto. Como ayuda para este crucial instante, el *Libro de los Muertos* ofrecía varias fórmulas y conjuros de poder mágico. Uno de los más conocidos era el que decía: "¡Oh, el que da grandes zancadas procedente de Heliópolis, no he mentido!" ¡Oh, el que abraza el fuego, llegado de Kheraha, no he robado!"

Los templos estaban dotados de bibliotecas, con textos muy diversos, pero hasta la época de los Ptolomeos, casi todos tenían un carácter funerario, lo que no nos debe de extrañar, pues la muerte y la resurrección eran las metas más importante de la vida egipcia.

LAS PRIMERAS IDEAS RELIGIOSAS Y EL MITO DE LA CREACIÓN

Es muy posible que las primeras ideas religiosas egipcias fueran, como la de todos los pueblos primitivos, animistas, o sea, que otorgaron un alma a todo lo creado, o bien totémica, adoración de un animal que se considera protector de la tribu o la aldea, aunque en este caso parece que los egipcios hicieron de ciertos animales la representación de ciertos dioses, pero, que en sí, no se adoraba al animal.

Y como todas las mitologías y religiones que en el mundo han sido y son, la egipcia tenía también su mito referido a la creación del universo, al nacimiento de la vida.

En el principio, las aguas del caos envolvían al mundo. Éste, a su vez, constaba de tres partes distintas: la Tierra, el Cielo y el más allá, o *duat*, que el sol recorría por la noche, razón por la cual no era visible al ojo humano. ¿Pero cómo surgió la vida? Los antiguos egipcios, para resolver este interrogante, recurrieron a la naturaleza que les rodeaba y de manera particular, a las crecidas periódicas del Nilo.

Anualmente, las aguas de este río se desbordaban, dejando sedimentos formados por tierras negras, ricas en nutrientes que fertilizaban los campos y hacían que las cosechas fuesen abundantes, hasta que las aguas regresaban a su cauce. Al año siguiente, se volvía a reproducir este fenómeno que condujo a los egipcios a concebir la creación del universo como algo muy semejante.

Un montículo de tierra había emergido de las aguas primigenias, con suficiente fuerza creadora como para ser la fuente de toda forma de vida. Este montículo ocupaba el lugar central de la cosmogonía egipcia y su existencia era algo fuera de toda duda. Se le representaba como el dios Tatjenen, cuyo nombre significa, precisamente " Tierra emergida". Pero ahora surgía una nueva pregunta: ¿en qué lugar había emergido? Todos los centros religiosos de Egipto, con cierta importancia, se creían merecedores de tal honor, y los teólogos dedicaban gran parte de su tiempo y esfuerzo a concretar cuál había sido la primera divinidad.

Los mitos de la creación varían de un lugar geográfico a otro. Así, en Heliópolis, en el Bajo Egipto, se veneraba a nueve dioses de la primera generación divina. Era la Enéada, o "Grupo de Nueve", como los llamaron los griegos. El primer dios emergido del montículo fue Atum, Señor de Heliópolis, "aquel que vino a la vida por sí mismo", y que según los *Textos de las Pirámides*, no tardó en crear a otros dioses.

Esta creación divina la efectuó Atum derramando su semen, del que nacieron los gemelos Shu, el Aire y Tefnut, la Humedad. Otras versiones hacen también referencia a los fluidos corporales del dios, pero en este caso, Shu fue creado mediante el estornudo de Atum y Tefnut por uno de sus escupitajos. Creada la atmósfera, de la unión de Shu y Tefnut nacieron Geb, la Tierra, y Nut, el Cielo, que a su vez engendraron cuatro hijos: dos varones, Osiris y Set, representando el orden y el caos, respectivamente, y dos hembras que fueron sus hermanas y esposas, Isis y Neftis.

Ptah: el dios de la creación

El acto de la creación realizado por Ptah, según los principios religiosos de Heliópolis, provenía del acto físico de la masturbación divina. El dios no tenía ninguna pareja femenina con la que engendrar, por ello los sacerdotes trataron de explicar este acontecimiento otorgando a la mano del dios cualidades femeninas y con el tiempo, esta mano divina se convirtió en una diosa. Pero, a lo largo de la historia, estos mitos primitivos de la creación se vieron modificados por otras ideas teológicas, como por ejemplo, cuando en Heliópolis se sugirió que el Sol había nacido de una flor de loto que flotaba en las aguas primordiales, bajo la apariencia de un "niño dorado".

En Menfis, Path realizó la creación mediante el esfuerzo de su intelecto, sin ningún tipo de intervención física. Dio forma a las cosas que pueblan el mundo por las ideas y deseos de su corazón y les otorgó a cada una un nombre, por las palabras que salían de su boca. Para los egipcios, en el corazón estaba situada la inteligencia, y de allí provenía el pensamiento, que se materializaba mediante la palabra, a través de la lengua. Path creó a los dioses al igual que creó las ciudades, los templos y los nomos o provincias del país.

Este dios formaba, en Menfis, parte de una tríada de dioses a la que pertenecían su esposa, la diosa con cabeza de león, Sejmet, y el dios de cabeza de loto, Nefertem, considerado hijo de Path.

El mito de la creación en Menfis

El mito de la creación en Menfis no negaba a Atum ni sus actos creadores, ni el montículo fuente de vida, sino que hacía coexistir a las dos divinidades. La presencia de Atum, en todos los centros religiosos se representaba por un montículo, mientras que la presencia del intelecto de Path se encontraba presente en "todos los dioses, todas las personas, todos los rebaños, todos los seres vivos".

Otras versiones hacen que estas dos divinidades aparezcan con la Enéada y Atum nacidos de los labios y los dientes de Path, o el dios Path aparece unido al montículo primigenio del dios Tatjenen.

A pesar de que Path era uno de los dioses creadores más antiguos y sus templos se encontraban en todo Egipto, nunca llegó a estar situado en el lugar más alto del panteón egipcio. En el período tardío, entre 712 y 332 a.C., se asimiló a otros dioses que, paulatinamente, habían cobrado más importancia, y se convirtió en Path-Sokar-Osiris. Al llegar los griegos a territorios egipcios lo identificaron con Hefesto, el herrero divino. Como curiosidad añadiremos que uno de los templos de Path, en Menfis, *Hwt-ka-Ptah*, cuya significación es la de "Mansión del Espíritu de Ptah", terminaría por dar nombre a una regió muy extensa, y los griegos, adaptando su nombre, lo convirtieron en *Aeguptos*, del que procede la denominación actual del país, Egipto.

Amón y la Ogdóada

En el sur de Egipto, en su parte central, se encontraba situada Hermópolis. Allí la creación del mundo tenía un antes y un después, pues según se explicaba existía un conjunto de ocho dioses, que vivían en las aguas primigenias, antes de la creación del mundo. Los dioses masculinos tomaron la forma de una rana y las diosas la de una serpiente, si bien en otras ocasiones se las representa como monos babuinos.

Estos dioses estaban emparejados entre sí y representaban cuatro aspectos del aquel universo que era anterior a la creación. Nun y su pareja Naunet personificaban el océano, las aguas que invadían todo lo que iba a ser el mundo futuro. Huh y Hauhet simbolizaban el infinito. Ket y Kauket eran las oscuridad y las tinieblas y Amón y Amaunet personificaban la encarnación del poder oculto. Todos representaban lo intangible, lo que no se podía ni ver ni tocar, pero como parejas que eran, podían engendrar y dar lugar a que se iniciara la vida. Por este motivo se les asoció con el Sol, bajo la forma de unos babuinos que con sus chillidos anuncian la llegada del día.

Las divinidades que componían la Ogdóada tenían los sexos claramente diferenciados, pero sin saber muy bien cómo, acabaron confundiéndose. Los mitos de Hermópolis atribuyen esta acción a Tot, dios protector de la ciudad, tal vez para realzar la importancia de esta divinidad. Según estos mitos, se produjo un encuentro de características violentas entre las ocho divinidades, lo que provocó un cataclismo que hizo emerger al montículo primigenio. En su interior había un huevo cósmico, del que nacería el dios del Sol. Como todos los huevos fecundados, la cáscara se fue abriendo para dar salida al nuevo ser, y el montículo que lo contenía se convirtió en la " Isla de Fuego". Una vez que el huevo eclosionó por completo, salió el Sol que ascendió hasta el cielo para ocupar el lugar que le corresponde. Para Hermópolis fue la primera salida del Sol, el primer día de la creación, y los ocho dioses que existían antes que nada, fueron los padres y las madres del Sol y los creadores de Atum.

Como en todas las mitologías de la Antigüedad, vemos la importancia del huevo como germen de vida así como que del caos cósmico, nacen el orden y la vida.

Tebas: Amón como único dios creador

En Tebas, la creación tenía sus propias características, si bien no negaban la Ogdóada común con Hermópolis. Para los tebanos el dios todopoderoso era Amón, mientras que en

Hermópolis era uno más entre los dioses primigenios. El Amón tebano era el único creador, "aquel que dio vida a los primeros". Algunas versiones del mito, lo presentan con la forma de una serpiente, animal unido a la creación en multitud de mitologías y religiones. Esta serpiente, Amón-Karmufet, vivía en las aguas de Nun, pero en un momento dado, emitió un poderoso graznido, semejante al de un pato o de un ganso, que resonó en aquel universo, tan quieto como infinito, causando una reacción cósmica que dio lugar a la Enéada y la Ogdóada. Esta idea del ganso quizás provenga del mito que decía que el mundo se creó después de que una garza, *benu*, depositase un huevo en el montículo primigenio.

La teología tebana desarrolló la idea de un dios, Amón, que estaba por encima de todos los dioses y fuera de su alcance, más allá de la propia naturaleza por él originada.

Del misterio y del poder de este dios hablan, con reverencia los textos sagrados de Tebas: "Permanece oculto ante los dioses y no se sabe qué aspecto tiene. Se halla más allá del cielo, más profundo que el mismo *duat*. Ningún dios conoce cómo es, nadie puede hablar de él con conocimiento de causa. Es demasiado grande y secreto para dejar ver su imponente presencia. Es demasiado poderoso y resulta inaccesible".

Los teólogos tebanos decían que todo aquel que había intentado descubrir el origen de este dios, murió de manera fulminante. Como miembro de la Enéada y debido a su omnipresencia, estaba en todas partes, aunque siempre oculto. A la pregunta de cómo Amón podía ser parte de todo y, no obstante, permanecer separado del resto de los dioses y de su propia creación, los tebanos respondían con la afirmación de que cada dios era una de las múltiples imágenes de ese Amón intangible y desconocido físicamente. Por eso inventaron una divinidad compuesta por el rostro de Ra, el cuerpo de Ptah y el mismo Amón como poder oculto esencial.

Amón era venerado de forma especial en Tebas. En la capital del Alto Egipto se le tributa culto a diario, y las celebraciones ceremoniales se hacían varias veces al año, participando en ellas todo el pueblo, como era común entre los egipcios. En el complejo religioso de Karnak, que todavía hoy impresiona por su belleza y sus proporciones, y en el de Luxor, no menos impresionante, los sacerdotes adoraban a su dios, junto a numerosos fieles.

En honor de Amón y de la realeza, tenían lugar dos grandes celebraciones, el festival de Opet y el festival del Valle. Durante este último, las imágenes de Amón, su esposa Mut y su hijo Jonsu, eran llevadas en procesión desde el templo de Karnak, donde se econtraban habitualmente, hasta los templos mortuorios del otro lado del río. En el segundo mes de la crecida anual del Nilo, se realizaba el festival de Opet. Las imágenes sagradas eran llevadas en procesión, a través de la fastuosa avenida de las Esfinges que unía Karnak y Luxor, para, en este último lugar, celebrar la unión sexual del dios Amón con la madre del faraón reinante, de manera que ella pudiera engendrar el *ka*, el espíritu o el alma, real. El faraón penetraba en el recinto sagrado y recibía ese *ka* divino, por lo que, cuando salía del templo, lo hacía ya convertido en dios. Era el punto final de la ceremonia.

Tebas fue adquiriendo importancia como capital. Se hizo poderosa y rica y su dios Amón, acabó convirtiéndose en el dios creador más importante del país, el más adorado y el que contaba con más fieles, dando lugar a numerosos mitos relacionados con otras divinidades. Sólo se vio suplantado en el breve período de la reforma llevada a cabo por el faraón Akhenatón, cuando quiso imponer un culto monoteísta dedicado a Atón.

EL ORIGEN DEL HOMBRE: JNUM

No parece que los antiguos egipcios sintieran gran interés por conocer cómo se creó el primer hombre, cómo se generó la raza humana. La aparición del hombre sólo tiene en Egipto una presencia bastante limitada en sus mitos y así como la creación universal ocupa un primer plano, algo tan vital como presencia del ser humano sobre la tierra, está tocado de manera bastante tangencial. Sin embargo, existen algunos mitos acerca de ello.

El dios creador Atum, abrumado por la soledad, hizo nacer a dos hijos: Shu y Tefnut, para que le acompañaran. Pero los dos gemelos se acabaron escapando y el dios se vio de nuevo solo. Se propuso encontrar a aquellos hijos desagradecidos para lo cual se extrajo uno de sus ojos. A este ojo lo dotó de poder y lo convirtió en una diosa, Hathor o Sejmet, a la que encargó la búsqueda de los dos ausentes.

La nueva hija de Atum partió para buscar a sus hermanos y, al final, después de escudriñar el universo, dio con ellos y los trajo de vuelta a su padre. El dios, al verles de regreso, lloró de alegría y de esas lágrimas que cayeron sobre la Tierra, se formaron los primeros humanos.

Pero el mito más importante sobre la creación del hombre procede de la isla Elefantina, situada en el Nilo, muy cerca de la frontera con Nubia. Los sacerdotes de Elefantina adoraban a un dios con cabeza de carnero, al que llamaban Jnum, y que era, también a su manera, un dios creador.

Jnum podríamos decir que era el alfarero divino que modeló al hombre, con arcilla, en su torno. En las paredes de su templo, se halla una hermosa inscripción que detalla cómo realizó Jnum su trabajo: "Ató la sangre a los huesos, modelados con sus propias manos en su taller, de manera que el aliento de la vida estuviese en todo". Además de esto, dotó a su creación de un cráneo, de unas mejillas, de intestinos y pulmones, de órganos sexuales para que se reprodujera y de la columna que le permitiese mantenerse erguido.

En su actividad creadora, no se limitó a dar vida y forma a los egipcios, sino que procedió a crear el resto de los pueblos del mundo. Al modelar la figura humana, Jnum hacía un doble, una réplica exacta de cada ser, pues uno era el cuerpo mortal y el otro el *ka* o espíritu, el alma inmortal que sobrevivía a la muerte. Estas dos identidades se gestaban en el vientre materno a lo largo de nueve meses, al cabo de los cuales, la una inmersa en la otra, daba lugar al nacimiento de un bebé, dotado de cuerpo y alma.

Jnum intervenía en la ceremonia del festival de Opet. Se cuenta que Amón tomó forma humana para fecundar a la reina Mutemuya, madre del faraón Amenhotep III. Consumado el acto, Amón ordenó a Jnum que modelase las dos identidades del futuro faraón. Esta leyenda estaba destinada a reforzar la imagen divina del rey y, además, intentaba establecer la supremacía de Amón, cuando en realidad Jnum era una divinidad mucho más antigua que este dios.

A menudo se representaba a Jnum sentado delante de su torno de alfarero, mientras modelaba a dos seres humanos iguales. Sus sacerdotes intentaban demostrar la antigüedad de su dios presentándole con unas astas de carnero muy retorcidas, pues esta raza fue la primera que se domesticó en Egipto, mientras que los carneros con asas más lisas fueron introducidas con posterioridad. Amón llevaba, en algunas imágenes, cuernos, pero los suyos eran de los de astas menos curvas.

EL DIOS DE LAS TINIEBLAS: APOFIS

El Sol, bajo cualquiera de sus advocaciones, era la divinidad suprema de Egipto, pero tenía su oponente, Apofis, encarnado bajo la forma de una serpiente terrible, que representaba las fuerzas de la oscuridad y todo aquello que producía temor. La luz no puede existir sin las tinieblas y el bien no puede existir sin el mal. Por eso Apofis era necesario para que el Sol se manifestase en toda su grandeza.

La serpiente, en todas las civilizaciones a lo largo de los siglos, se ha asociado al mal, al caos, sin duda debido al miedo que producía su picadura. Y en Egipto podía estar más que justificado, pues las serpientes abundaban, de manera especial en la región del delta del Nilo. También estaban representadas por serpientes las diosas de la Ogdóada, pero el fin del mundo, según los egipcios, iba a desencadenarse por la acción de Apofis, que noche tras noche, acechaba el paso del Sol por las regiones oscuras.

No siempre las serpientes tenían un carácter negativo, pues había divinidades-serpientes de significado positivo, como la diosa protectora del Bajo Egipto, Uadyet, o la diosa cobra Renenutet, que daba buena suerte y a la que se imploraba una buena cosecha, un feliz provenir y un parto que se desarrrollara sin problemas. Pero éste no era el caso de Apofis.

Su nacimiento nos es conocido por las inscripiciones que aparecen en el templo de Esna, fechadas, aproximadamente, en el siglo II a.C. Neit lo creó escupiendo sobre las aguas primigenias. El mismo nombre de Apofis significa "aquel que fue escupido". En una versión distinta del mito de las lágrimas de Atum-Ra, Neit fue el primer ser que apareció en el montículo de la vida y dio a luz al Sol. Le llamó, pero el sol, cegado por su resplandor no veía a su madre y lloró buscándola. Esas lágrimas engendraron la humanidad. Pero, aunque Neit encontró a su hijo, el Sol, necesitaba del siniestro Apofis para establecer la dualidad que presentan los grandes conceptos y las grandes fuerzas de universo.

El caos, la maldad, las sombras, personificadas en Apofis, aguardaban, cada anochecer, el paso del Sol por las regiones oscuras, en el *duat*, con el fin de que no completase el viaje nocturno que le permitía reaparecer, cada amanecer, por el horizonte. Noche tras noche, en singular combate, Ra tenía que luchar y derrotar a Apofis, pero la serpiente era indestructible e inmortal, por lo que el triunfo del Sol nunca era definitivo.

Apofis vencido solía representarse, con frecuencia, en las inscripciones funerarias de los enterramientos faraónicos. A veces aparecía como una serpiente cortada a manos de Ra, que adoptaba la figura de un gato, uno de los animales sagrados venerados por los egipcios, y así el Sol podía ascender a los cielos y recorrerlos en la barca solar, iluminando la tierra entera, hasta que a la noche siguiente, se reproducía el mismo ciclo.

La victoria de Ra preservaba todas las formas de vida y mantenía el orden del universo. Pero podía suceder que, una noche, Apofis resultase vencedor, con lo que el mundo se vería abocado a su destrucción. Pero, por otro lado, la aniquilación total de Apofis podía alterar el equilibrio de la noche y el día, del bien y del mal, y el caos se adueñaría de la situación. Así se profetizaba en el *Libro de los muertos*: "La tierra regresará a las aguas primigenias, a Nun, tal como fue en el principio de los tiempos. Y al término de los días, no existirán los dioses, sólo Atum, el señor de todas las cosas, que creó la humanidad y a todos los dioses". Y en este final apocalíptico, Atum se manifestaría con la forma de una serpiente.

Fuera cual fuera el modo en el que se produjera la creación, lo que resulta evidente es que, para los egipcios, se producía cada día con la llegada de la luz y que se seguía manifestando con cada nueva estación, renovándose constantemente, desde los remotos tiempos del caos. Ma'at la diosa de la verdad, de la justicia y de la armonía del universo, había impuesto un orden lógico e inmutable, y que cualquier alteración o perturbación de sus designios divinos podía subvertir y destruir la estabilidad de la vida, la sociedad y la política egipcias. La primera creación fue la perfecta, y había que preservarla en un proceso que se repetía perpetuamente, y del que era una garantía ver cómo el Sol aparecía, todos los días, reflejándose en las aguas sagradas del Nilo.

LOS GRANDES DIOSES Y LOS GRANDES MITOS:

Ra: el dios del Sol

En la religión egipcia la divinidad suprema era Ra. Garantizaba el orden universal y gracias a él era posible la vida en la Tierra. Regulaba el paso de las horas, los días, los meses, las estaciones y los años. Su aparición diaria como el Sol, manifestaba el orden perfecto y que la creación se mantenía en perfecto estado. Pero además, Ra era un dios creador y el antepasado directo de los faraones que, a partir de la IV Dinastía, añadirían al título real el de *sa Re*, "hijo de Ra", siendo el faraón Djedfre el primero en utilizarlo.

Aunque Ra era venerado en todo Egipto, Heliópolis era la ciudad de este dios. Su nombre, en griego, significa " Ciudad del Sol". La influencia de su culto se mantuvo durante siglos, desde los tiempos antiguos y, por ejemplo, los faraones de la V Dinastía destinaron enormes recursos a levantar templos a Ra, unos templos de grandes proporciones y admirable belleza.

Numerosas divinidades del panteón egipcio se fueron asimilando al culto solar, entre ellas, algunas tan importantes como Atum y Amón, dando lugar a dioses compuestos como Atum-Ra y Amón-Ra, y con el tiempo figuraron como un solo dios creador.

Al poco de la creación del mundo, el gran Ra no vivía separado de los hombres, sino que vivía en la Tierra como soberano de todos los seres vivientes. Era una época feliz, una

Edad de Oro, en la que los hombres eran buenos y gozaban de las bendiciones divinas. Ra solía inspeccionar sus dominios en compañía de otras divinidades menores. Imperaba la perfección absoluta, no existían ni la enfermedad ni la muerte en una era maravillosa llamada "el tiempo de Ra". Pero también el dios envejeció, lo que le llevó a relajarse en sus obligaciones y la humanidad aprovechó para dudar de sus capacidades como rey y se burló de él.

No tardó en desencadenarse la ira de Ra sobre aquellos súbditos que habían olvidado todo cuanto de buenos les diera el dios. La venganza se materializó por medio del ojo de Ra, convertido en la diosa Hathor, que a punto estuvo de acabar con todos los hombres. Desengañado, Ra abandonó la Tierra y se trasladó el cielo. Pero entonces, los humanos se enzarzaron en luchas constantes, acusándose, los unos a los otros, de ser los causantes de la desaparición del astro rey.

Los textos que han llegado hasta nosotros sobre este mito, exponen, bien a las claras, que la culpa de esta situación era exclusivamente humana, sin que Ra hubiera hecho dejación de sus obligaciones. Había favorecido a Egipto y a sus habitantes con grandes dones: " He traído conmigo dones hasta el portal del horizonte. Creé los cuatro vientos, con los que todo el mundo puede respirar... Creé el gran río para sirviera a los pobres y a los ricos... Creé a cada uno de los hombres, los unos semejantes a los otros... No ordené que hicieran el mal, son sus corazones los que han destruido lo que dije... Hice que sus corazones no olvidasen el Oeste". Esta última frase hace alusión al punto cardinal por donde se pone el sol y era el lugar donde los egipcios enterraban a sus muertos.

Pero Ra no abandonó del todo a su creación. Para paliar los desastrosos efectos de su partida, concedió dos grandes favores a la humanidad. El primero fue que dio instrucciones al dios Thot para que le representara, en la Tierra, durante las horas de oscuridad, mientras él estaba en su viaje nocturno por el *duat*. Los cometidos de Thot eran varios y, además, nada fáciles. Tenía que mantener el equilibrio, el orden y la justicia en esta tierra de rebeldes, conceder a sus habitantes el maravilloso don de la escritura y dar también algo de luz en la noche oscura, por lo que procedió, antes de nada, a crear la Luna.

El segundo favor de Ra para con los humanos fue otorgarles un rey. En primer lugar, para este puesto recurrió a los dioses, a Shu, dios del Aire, a Geb, dios de la Tierra y al misterioso Osiris, el dios del más allá, al que se asociaba con la muerte y la resurrección. Pero el trono de la Tierra, llegó un momento en que pasó a un ser humano, entroncado directamente con el dios. Quedaba así establecido el linaje divino de los faraones.

A los faraones se les veneraba, precisamente, por ese carácter divino, que los hacía mediadores entre la Tierra y las divinidades. Desde su nacimiento era un dios. Aunque su madre, la reina, estaba reconocida como madre humana, la paternidad correspondía a Amón-Ra. Cuando el faraón tenía un hijo, se volvía a repetir esta encarnación divina, de manera que la dinastía iba de un dios a otro dios. Por esa divinidad de la que disfrutaba el faraón era el único que podía realizar ofrendas a los dioses. Delegaba en los sumos sacerdotes, pero éstos lo hacían en nombre del faraón, y no eran más que sus representantes.

Los rituales de la coronación de cada nuevo faraón estaban encaminados a reforzar el origen divino de aquel ser humano, nacido de un hombre y de una mujer, pero en el que moraba el espíritu del dios Ra. Cuando moría accedía, directamente, al cielo, dejando atrás su imagen viva de Horus como soberano para fundirse con Osiris en el reino del más allá, y con Ra el señor y dios de todas las cosas y todos los seres.

Este proceso de deificación era visto con total normalidad por los egipcios de la Antigüedad. "Dios es nuestro rey; el rey es nuestro dios" y con esta premisa les parecía totalmente lógico que su país fuese gobernado por la ley de los humanos y de los dioses.

El día y la noche eran dos períodos de tiempo que duraban doce horas cada uno, perfectamente diferenciados y definidos. El día representaba el reino de Ra que recorría el cielo en su *mandjet*, o barca de día y, por la noche, atravesaba el *duat* en su *mesketet*, otra barca a la que se llamaba "de los millones". Estaba acompañado por otras divinidades menores que le ayudaban a navegar, manteniendo el rumbo en la oscuridad. También todos aquellos humanos que habían muerto y que gozaban del favor de los dioses, así como los faraones, descendientes de Ra, se reunían junto al dios en este viaje nocturno.

Solía representarse esta travesía a lo largo del cuerpo de la diosa Nut, la diosa del cielo. Según algunas versiones de este mito, cuando terminaba el día, Nut se tragaba a Ra, que después de viajar por el cuerpo de la diosa durante la noche, renacía al día siguiente, con el amanecer. El color rojizo de las primeras luces se atribuía al color de la sangre que Nut perdía en ese parto diario. También otro mito hacía que Ra viajase por el interior de una enorme serpiente que envolvía todo el universo.

Cuando Ra desaparecía tras el horizonte, el viaje que se le presentaba era, en verdad, azaroso. El *duat* se dividía en doce cámaras o doce "puertas", una por cada doce horas de las que constaba la noche. Ra, con su séquito, tenía que atravesarlas todas para poder reaparecer al día siguiente. Cada una de estas "habitaciones" tenía sus propias características y presentaban numerosas complicaciones para Ra, que debía vencerlas todas si quería renovar el ciclo de su aparición sobre la Tierra a diario.

El viaje de Ra por la zona oscura fue el origen de tres importantes textos funerarios: el *Libro de Amduat*, el *Libro de las puertas* y el *Libro de las Cavernas*. Cada uno de estos textos presentaba una visión distinta del viaje divino, pero también tenían elementos comunes. En el primero, se decía que el primer trabajo de Ra consistió en establecer los derechos de algunos dioses sobre la Tierra. En el segundo, Ra contemplaba la destrucción de los enemigos de Atum, mientras que en el tercer texto, Ra vencía tres terribles serpientes. Los elementos comunes eran el encuentro de Ra y Osiris y la derrota de Apofis y de todos los enemigos de Ra que poblaban el mundo de los muertos.

El encuentro entre Ra y Osiris era de vital importancia para que el Sol renaciese. Osiris era el dios del más allá y de la resurrección y la vuelta a la vida. Ambos dioses se reunían en el *duat*, donde se abrazaban y se daban, mutuamente, el hálito de la vida que aseguraba el nuevo amanecer.

Era un momento decisivo porque así Ra se aseguraba el volver a la vida cada mañana. Pero el punto más duro del viaje lo representaba el enfrentamiento con Apofis, la serpiente gigante encarnación del mal y del caos. Aunque era inmortal, Ra la vencía cada noche, con la ayuda de fórmulas mágicas y algunos decían que con la ayuda del astuto dios Set.

Estos dos pasajes representaban la luz y las tinieblas. Ra era la vida y Osiris el rey de los muertos, pero la unión de ambos representaba el equilibrio que permitía el amanecer diario. En cuanto a la lucha con Apofis representaba, de alguna manera, el temor que todos los pueblos antiguos sentían ante una posible desparición del Sol. Por eso los eclipses eran contemplados con un miedo supersticioso y en Egipto se creía que se producían porque Apofis había engullido a Ra. En muchos templos, pero especialmente en el de Karnak, en Tebas, los sacerdotes ayudaban a su dios en este combate, con ceremonias, oraciones y conjuros mágicos en los que se recitaban los nombres secretos de Apofis. El conocimiento de estos nombres daba cierto poder sobre la tenebrosa serpiente y se escribían sobre papiros nuevos, con tinta recién elaborada, para proceder después a quemarlos. También parece que se hacían serpientes de arcilla sobre las que se escupía, para después mutilarlas y quemarlas.

Al contemplar las primeras luces, se consideraba que todos estos ritos habían dado sus frutos. Ra estaba volviendo al mundo de los vivos, pero todavía no estaba en su cenit, sino en una región intermedia a la que se llamaba *akhet*, que se traduce por "horizonte". Pero, con el alba, los egipcios respiraban tranquilos porque el equilibrio y el ciclo de la naturaleza permanecía intacto.

Cuando Ra se dedicaba a recorrer el cielo durante el día, adoptando diferentes formas. Al asomar por el horizonte se le daba el nombre de Ra-Heractes, o lo que viene a ser lo mismo, Ra, con "Horus del horizonte". En Heliópolis, Ra aparecía como un niño-sol, un niño dorado que emergía de una flor de loto, que flotaba sobre las aguas de Nun. Tenía su explicación, ya que la flor de loto cierra sus pétalos por la noche y sólo las abre cuando sale el sol. También otros mitos le otorgaban la apariencia de Jepri, "Aquel que vino a la vida", bajo la apariencia de un escarabajo pelotero, que empuja su pelota de este a oeste, tal como hace su recorrido el Sol.

A medida que pasaban las horas y se llegaba al mediodía, Ra recuperaba su representación habitual: un halcón, por ser una de las aves que más alto vuela y que, además, es un gran depredador. Sobre su cabeza suele lucir un disco solar, como símbolo de su fusión con Heractes.

Ra se convertía en Atum-Ra al final del día, cuando se preparaba para su viaje nocturno a través del mundo oscuro. En algunas versiones esta representación de Ra era la de un anciano, con la piel de oro, huesos de plata y el cabello azul, del color del lapislázuli. Ya en el *duat* tomaba forma humana con cabeza de carnero, y a esta encarnación se la llamaba "Carne de Ra".

Asociado a Amón, Ra se mantuvo como la figura principal del panteón egipcio. Incluso mantuvo su importancia después de que Egipto hubiera caído en manos de los invasores que se dejaron influenciar por su poderoso culto. Sólo en los diecisiete años del reinado de Akhenatón dejó de adorarse el Sol como personificación, si bien, a través del disco solar, se le adoró como una abstracción divina.

Amón: "El Ser escondido"

Amón fue una de las deidades primitivas, al que se veneraba desde la V Dinastía, pero no fue hasta una época posterior cuando sus fieles comenzaron a extender su poder por todo Egipto. Después de Ra y Osiris, era el dios más adorado en tdo el valle del Nilo y parece que el desarrollo de su culto y su expasión se debió a circunstancias más políticas que religiosas.

El nombre de Amón significa "lo que está escondido" o "lo que no se puede ver" y los himnos a él dedicados hablan de que está escondido a los dioses, a los hombres y a sus propios fieles. Algunos han querido ver en estas expresiones la puesta del Sol, pero se cree que esta divinidad quería representar un cierto sentido religioso más espiritual y menos materialista de un dios, lo que no quiere decir que no tuviera sus representaciones en imágenes.

Se le presentaba como un hombre sentado en un trono, pero de hombre sólo tenía el cuerpo. La cabeza solía ser la de una rana, una serpiente o un mono y, a veces, la de un león. Otras representaciones eran las de un hombre que lucía sobre la cabeza dos largas plumas, erectas, rojas y verdes, o rojas y azules. Vestía una túnica de lino y se adornaba con pulseras y un collar. En su parte trasera lleva una cola, lo que nos da idea de que se trataba de un dios primitivo. Cuando se asimile a Ra, tendrá una cabeza de halcón.

Se le veneraba en Tebas, donde los faraones de la XII Dinastía le dedicaron un gran templo y lo convirtieron en su principal deidad, que fue creciendo en importancia a medida que Tebas también se hizo importante. Cuando los príncipes tebanos se convirtieron en los soberanos de Egipto, Amón vio reforzado su poder y sus sacerdotes, aprovecharon aquella bonanza política para identificarlo con Ra y traspasarle todos sus atributos, pero siempre, dejando claro, que Amón era el más importante de los dos.

Se dice que nunca hubo un dios que, gracias a sus sacerdotes, realizara más cosas por Egipto. A él se le atribuyeron el cese de las matanzas que los invasores hicsos efectuaron sobre el pueblo egipcio, así como su expulsión del país y los éxitos militares de los faraones de la XVIII Dinastía. Los botines de guerra, procedentes de Siria y Palestina, fueron consagrados por estos faraones a Amón y sus templos se vieron inundados de riquezas.

Los adoradores de Ra estaban francamente molestos con la preponderancia de Amón. Por otra parte, Osiris era intocable, quizás el más popular y el más querido de los dioses egipcios, con un culto tan especial que no admitía asimilaciones con otras deidades. La habitual habilidad sacerdotal se manifestó creando a Amón-Ra, de forma que los fieles de ambos dioses estuvieran contentos, aunque es de suponer que, alrededor de esta fusión, se debieron de formar no pocas tormentas teológicas.

En el papiro de Hu-nefer se encuentran varios himnos a Amón-Ra que demuestran que estos dos dioses, convertidos en uno, experimentaron un rápido ascenso en la religión egipcia. El dios de Tebas, en apenas un siglo, se había convertido en el "dios de dioses". Su casta sacerdotal se hizo inmensamente poderosa y su poder político fue casi tan inmenso como su poder económico. Intervino en las guerras y en las paces y, al acabar la Dinastía Ramésida, el sumo sacerdote de Amón-Ra subió al poder real, inaugurando la XXI Dinastía que sería conocida como la "dinastía de los sacerdotes-reyes".

Pero una cosa era la religión y otra cosa la política, y los sacerdotes de Amón no eran buenos estrategas militares y carecían de la fuerza necesaria para seguir imponiéndose a los países tributarios de Egipto. Al no llegar los tributos, la pobreza causó estragos tanto en las capillas del dios, antaño tan ricas, como entre el clero dedicado a su servicio, de forma tal que hasta los altos dignatarios sacerdotales pasaron privaciones. Al conocer su debilidad en este terreno, bandas de delincuentes comenzaron a merodear por los templos, se atrevieron a robarlos e incluso se dedicaron a profanar las tumbas reales en busca de las riquezas que éstas contenían.

En un intento de que su dios no se viese afectado en su grandeza, a Amón-Ra se le otorgaron todos los atributos del resto de los dioses del panteón egipcio, excepto los de Osiris, a los que reemplazó ocupando sus capillas en el valle del Nilo. Una de sus formas más populares fue la de un ganso, que se convirtió en un animal sagrado en la mayor parte del país, así como la de un carnero. En la época ptolomeica, las pequeñas figuras de este dios tenían la cara de un hombre con barba, cuerpo de escarabajo, alas de halcón, piernas humanas con dedos y garras de león, intentando así ofrecer la imagen de un dios que lo reunía todo en él.

Sin embargo, este deseo de imponer un dios único no era posible en Egipto, el país de los mil dioses, como lo llamaba Heródoto. Las gentes estaban acostumbradas a venerar a muchas divinidades desde épocas muy antiguas y sus cultos estaban profundamente arraigados. Tampoco contribuyó a ello el ansia de poder y la ambición de las jerarquías sacerdotales de Amón que relegaron a un segundo plano la espiritualidad debida a toda deidad.

Mención especial merece el Oráculo de Júpiter-Amón, por la gran importancia que tuvo en épocas tardías y por la calidad de los personajes que acudieron a él. Griegos y romanos se acercaban a este oráculo, situado en un oasis, para preguntar al dios por aquello que les preocupaba o para que les hablara de su futuro. Y allí los sacerdotes daban respuesta a todo.

Era un lugar misterioso del que no se conoce gran cosa, si bien se sabe que Alejandro Magno viajó hasta allí para saber si era el hijo del dios. También lo hicieron Lisandro y Aníbal, que lo consultó antes de emprender sus grandes campañas militares contra los romanos.

Parece ser que, en ocasiones, se trasladaba al oráculo una imagen del dios que, hábilmente manejada con unas cuerdas ocultas, contestaba a sus consultantes mediante gestos, con lo que las respuestas eran tan ambiguas que cada uno podía interpretarlas según mejor le convinieran. Pero, aun y con todo, fue considerado uno de los grandes oráculos de la Antigüedad.

Mut: la Madre del mundo

Era la pareja de Amón-Ra y estaba consideraba como la "Madre del mundo". A menudo se la representaba como una mujer que lleva las coronas unificadas del Norte y del Sur de Egipto, con un cetro de papiro entre las manos. En algunas pinturas aparece con alas y en otras, con cabezas de buitres sobre los hombros.

Al igual que su divino esposo está adornada de todos los atributos, humanos y animales para representar su naturaleza universal, madre de todas las cosas y de todos los seres que pueblan el universo. A Mut, al igual que Amón, se le fueron asimilando las características o atributos de casi todas las deidades femeninas de Egipto. Fue identificada con Bastet, con Nekhebet y otras diosas. Si Amón había usurpado los atributos del resto de los dioses, a su esposa le correspondía estar en una posición similar. Incluso las grandes diosas Hathor y Ta-urt se asimilaron a ella, así como otras diosas que tenían atributos de madres.

Tebas era su principal centro de veneración y su templo se situaba cerca del de Amón-Ra. Fue construido por el faraón Amenhotet III, hacia el 1450 a.C., aproximadamente. Un camino bordeado de espléndidas esfinges conducía hasta él y, frente a la entrada principal, había un gran lago artificial. También era conocida como "la dama del Cielo" y "la reina de los dioses". Su símbolo era el buitre que lucían, en las coronas, las reinas egipcias como representación de la maternidad.

Debió de existir un gran culto a esta diosa, propiciado por los sacerdotes de Amón, aunque en el *Libro de los Muertos* sólo se la menciona una vez.

Ptah: el más grande de los dioses de Menfis

Cuando hablamos del proceso de la creación, Path se nos aparecía como el dios menfita que la llevó a cabo. También estaba asimilado al Sol naciente. Parece que su nombre quiere significar "el que abre", y en este sentido sería el que abre el día. Sus características divinas se mantuvieron desde la II Dinastía hasta las épocas tardías. Además de su poder creador, se le atribuyen otras bondades, como parece sugerir el *Texto de la Pirámide de Teta*. Ptah habría sido el que confeccionó las barcas en las que fueron a vivir los muertos en el *duat*. En el *Libro de los Muertos* se dice que trabajaba los metales, que era un buen arquitecto y hábil estructurando el universo entero.

Ptah, en compañía de Khnemu, llevó a cabo las órdenes de Thoth con respecto a la creación del universo. Khnemu modeló a los animales que pueblan el vasto mundo y Ptah hizo los cielos y la tierra, así como la placa de metal que forma la puerta del paraíso y los soportes que lo sostenían. En ocasiones comparte atributos con otros dioses, complementándose mutuamente. En su labor de arquitecto tiene alguna de las características de Thoth y también de Shu, como el dios que realizó el suelo de metal del paraíso.

Identificado como Ptah-Seker, representa el poder creativo con el caos y las tinieblas. Es algo así como un Osiris que representa el Sol nocturno. Seker se ilustra como un hombre momificado, con cabeza de halcón. Primitivamente, Seker sólo se identificaba con la oscuridad, pero en algunos lugares, pasó a representar el Sol nocturno. A veces se le confunde con Set, incluso con Geb. Se cree que gobernaba aquella parte del mundo de los muertos donde moraban las almas de los difuntos menfitas.

En las grandes ceremonias en honor de Ptah, y de manera especial en día de su festividad, al amanecer, cuando el Sol empezaba a extender su luz sobre la Tierra, una barca llamada la Barca-Seker, se colocaba sobre una especie de trineo, y se llevaba dando vueltas al santuario del dios, simbolizando el viaje del Sol. Esta barca es mencionada, con frecuencia, en el *Libro de los Muertos*. No se parecía a ninguna otra embarcación, pues tenía un extremo mucho más alto que otro y su forma parecía imitar la de una cabeza de animal, posiblemente una gacela.

En el centro de la barca se situaba un cofre coronado por un halcón con las alas desplegadas, que se suponía albergaba el cuerpo de Osiris, el dios del Sol muerto. La Barca-Seker a la que el *Libro de los Muertos* llama *henu*, era, con toda probabilidad, la barca en la que navegaba Ra por el *duat* en su viaje nocturno por la región de las sombras.

Seker fue una deidad muy popular en los tiempos más antiguos de Egipto, pero sus atributos se asimilaron completamente a Ptah. Se acabó formando una trinidad de dioses, refundidos en uno solo como Ptah-Seker-Asar o también, Ptah-Seker-Osiris. Su representación era un halcón que solía ilustrarse en los cofres y en los sarcófagos. A partir de la XXII Dinastía, esta trinidad estaba completamente identificada en el dios Osiris, describiéndosele como el "dios trinitario" de la resurrección.

Ptah se relacionó, en ocasiones, al dios Tenen, representado por una cabeza humana coronada por plumas de avestruz. Algunas imágenes lo presentan frente a un torno, como un alfarero o llevando un gran cuchillo, una especie de cimitarra mediante la que moldea al mundo.

El séquito de este dios menfita estaba compuesto por unos seres conocidos como los "Siete Seres Sabios de la diosa Meh-urt". Surgían del agua, o de la pupila del ojo de Ra y adoptaron la forma de siete halcones que salieron volando y que, junto a Thot, presidieron la enseñanza y las letras.

Sekhmet: la esposa de Ptah

Su centro de veneración, al igual que el de su esposo, era Menfis y ambos eran padres de Nefer-Tem. Más tarde se la identificó con Hathor. Se la representaba con cabeza de leona y se cree que podía estar relacionada con la diosa Bastet de la misma forma que Isis lo estaba con Neftis.

Personificaba el calor ardiente y el poder destructor de los rayos del Sol. Por eso uno de sus nombres era también el de Nesert, la llama, que puede acabar con todo.

Nefer-Tem: el hijo de Ptah

Este dios, de atributos poco conocidos, se identifica con el joven Tem, dios del Sol naciente. No existían dudas en cuanto a que era hijo de Ptah, aunque su madre algunos consideraban que era la consorte divina, Sekhmet y otros la diosa Bastet. Solía estar simbolizado por el loto, que se abre y cierra con el amanecer y el anochecer y su representación era la de un hombre, de pie sobre un león, que llevaba la cabeza con una corona de plumas, o bien como un hombre con cuerpo de momia y cabeza de león.

Formaba parte de la gran tríada de Menfis, con sus padres Ptah y Sekhmet, si bien parece que a esta tríada, se asociaba también, el otro hijo de Ptah, I-em-Hetep.

I-em-Hetep: el dios de la medicina

El nombre de este dios, hijo de Ptah, venía a significar algo así como "ven en son de paz", y se suponía que tenía el don de sanar las enfermedades. Se le representaba con una calavera en la cabeza, y con un papiro situado ante él que simboliza el estudio y el aprendizaje, aunque su acepción más popular era como dios de la medicina. En épocas tardías sustituyó a Thoth como el escriba divino y les dio a los hombres las palabras mágicas que los protegían, después de muertos, contra los numerosos enemigos que se le presentaban al alma en la región de las sombras del *duat*.

Este dios también tenía un carácter funerario, ya que es muy posible que los médicos intervinieran en las tareas de embalsamamiento de los cadáveres. En su templo de Filae, en una inscripción de la época de los Ptolomeos, se le describe como "el que da la vida a todos los hombres". Protegía también a los tristes y desgraciados, otorgándoles el don del sueño, durante el cual podían evadirse de su dura realidad.

Es más que probable que este dios fuera, en realidad, un médico humano, especialmente bueno en la sanación y que hubiera merecido por ello, honores divinos. Su veneración era muy antigua y tal vez perteneciera al sacerdocio de Ra, alrededor de los años de los faraones de la III Dinastía. Ciertas canciones que se entonaban en el templo de Antuf, se decían cosas como éstas: "Yo tengo las palabras de I-em-Hetep y de Heru-tata-f, que se repiten una y otra vez, pero, ¿dónde se encuentran hoy? Sus asientos están vacíos y es como si jamás hubieran existido. Nadie viene a decirnos dónde están, nadie nos cuenta nada sobre ellos". Heru-tata-f fue un sabio que llevó a la corte al futuro dios, sin duda como médico. Sus imágenes representan a un ser humano, con las características faciales de las gentes del lugar. Pudiera tratarse de una especie de Hipócrates egipcio.

Khnemu : el gran dios de la isla Elefantina

También conocido como Jnum, el alfarero divino que creó a los primeros hombres modelándolos con arcilla, formaba parte de la tríada venerada en Elefantina. Era la deidad principal, acompañado de Satet y Anqet.

Su culto era antiquísimo, algunos autores aseguraban que ya se adoraba en los tiempos predinásticos. Su situación en el panteón primitivo egipcio estaba entre el de los primeros dioses, si bien a partir de la XII Dinastía ya no se le volvió a mencionar.

Además de ser el creador de los hombres, también, en ocasiones, se le asigna el papel de modelador de los cuerpos de los dioses, así como su cuidador y protector y es el dios de la Primera Catarata del Nilo.

Tenía el cuerpo de hombre y la cabeza de carnero, tocado con una corona blanca o un disco solar. En algunas imágenes aparece vertiendo agua sobre la tierra, como un dios fecundador, o con una jarra entre los cuernos.

Sus acompañantes femeninas son las diosas Anqet y Satet, esta última identificada como la estrella Sept y la primera con una diosa local nubia. Parece que, originariamente, Khnemu o Jnum, pudiera ser un dios de los ríos, como dios del Nilo y de sus inundaciones periódicas y que compartiera este reino divino con otro dios del Nilo, Hapi. Serían el mismo dios creado por las gentes de lugares diferentes dentro de Egipto. En algunos textos se habla de este antiguo dios como "padre de los padres de los dioses, creador de cielo y tierra, del *duat* y del agua y las montañas". En su representación llevaba cuatro cabezas de carnero, sobre un cuerpo humano. Esta representación, con cuatro cabezas, algunos quieren asociarla a que Khnemu hubiera podido asimilar los atributos de Ra, Shu, Geb y Osiris, mientras que otros suponen que simbolizan los cuatro elementos primordiales: el agua, la tierra, el aire y el fuego.

El mito del nacimiento de Nilo y su íntima relacion con este dios, bajo la advocación de Khnemu-Ra, nos es conocido por una inscripción encontrada, en 1890, en una roca de la isla de Sahal. El rey mencionado en esta inscripción se ha identificado como Tcheser, perteneciente a la III Dinastía.

El decimoctavo año del reinado de este faraón, una gran carestía se abatió sobre Egipto. Durante siete años el Nilo no se había desbordado y los campos permanecían secos y estériles. El pueblo gemía de hambre, y los ancianos y los niños morían sin tener nada que llevarse a la boca. Los hombres se convirtieron en ladrones, robando todo aquello susceptible de ser comido. El faraón, angustiado por estas noticias, recurrió con plegarias al dios I-em-Hetep, que en otras ocasiones había ayudado al país cuando estuvo en similares circunstancias, pero el dios no respondió a las llamadas de auxilio.

Tcheser, abrumado, envió un mensaje a su gobernador, Mate, que tenía bajo sus dominios el Sur, en la isla Elefantina y Nubia, preguntándole dónde se hallaba la fuente del Nilo y cómo se llamaba el dios o la diosa del río. Mate acudió en persona ante el faraón, para hablarle de la belleza de Elefantina, en la que encontraba la primera ciudad que hubo en el mundo y desde donde salía el Sol cuando quería iluminar la Tierra. Tambien en la isla Elefantina existía una cueva doble, llamada Querti, que tenía la forma de dos pechos femeninos, y de esta cueva surgía la inundación anual que fructificaba los campos, cuando el dios abría las puertas de dicha cueva, en el momento preciso de cada año. Este dios era Khnemu, que tenía allí su templo, en el que también se veneraban a las deidades de Osiris, Horus, Isis y Neftis.

El faraón se desplazó hasta el templo del dios y le ofreció sacrificios con los productos que se daban en todo Egipto, orando, humildemente. El dios ecuchó sus plegarias y se apareció ante él, diciéndole: "Yo soy Khnemu, el Creador. Mis manos descansan sobre ti para protegerte. Te doy mi corazón... Yo soy el que se creó. Soy el primitivo abismo del agua, soy el Nilo que se levanta a su antojo para dar bienestar a aquellos que trabajan. Soy el guía y el dirigente de todos los hombres, el Todopoderoso, el padre de los dioses, Shu, el amo de la Tierra". El dios le prometió al faraón que el Nilo se desbordaría todos los años, al igual que sucedía desde tiempos remotos, acabaría la esterilidad y llegarían los bienes para el pueblo en forma de cosechas abundantes. Pero también Khnemu se quejó del abandono en el que se encontraba y el rey, por medio de un decreto, hizo que las tierras de cada lado del río, que bordeaban la isla Elefantina, donde moraba el dios, fuesen conservadas como dote a su templo, que los sacerdotes debían atender a su culto y recaudar una parte de los impuestos para dedicarla al mantenimiento del templo y de las capillas de Khnemu.

Y para que nadie nunca olvidara estas disposiciones reales, las mandaba tallar en piedra, y colocarlas en un lugar bien visible, como prueba de su agradecimiento al dios del Nilo.

Satet: consorte de Khnemu y diosa de la inundación

El nombre de esta diosa, casi con toda seguridad, significa "verter" o "esparcir" y pudiera tratarse de una antigua divinidad de la lluvia.

En sus manos llevaba un arco y unas flechas, símbolos de la lluvia y del relámpago. Estaba considerada como una de las formas de Isis, pues a ambas se las relaciona con la estrella Sept, y bajo esta advocación aparece como compañera del dios Osiris en el *Libro de los Muertos*.

Anqet: la hermana de Satet

Es el tercer miembro de la tríada de Elefantina, hermana de Satet. Lelvaba una corona de plumas, lo que parece señalar que era una diosa de origen africano. Se la asimiló a Neftis, al igual que Satet se asimiló a Isis y Khnemu a Osiris.

Su culto era también muy antiguo, posiblemente como diosa de alguna de las islas de la Primera Catarata, y se la adoraba, principalmente en la zona norte de Nubia. En épocas posteriores su culto se concentró en Sahal, convirtiéndose en su diosa, y en la XVIII Dinastía se le levantó un templo en Filae.

Según algunos mitógrafos su nombre podría significar "rodear" o "abrazar", en clara alusión a alimentar o rodear los campos que se extendían en las riberas del Nilo.

Hapi: el dios del Nilo

Esta divinidad estaba intímamente reacionada con el gran río que daba la vida a Egipto. Con el tiempo pasó a ser identificado con Osiris, pero su origen debía ser predinástico, sin que su nombre pueda traducirse. Se cree que la primera vez que se le menciona como Hapi es el *Texto de Unas*, donde el dios del Nilo es invocado para que produzca el grano a instancias del faraón muerto. En estos textos está considerado como un dios de poder destructivo, tal vez pensando en las inundaciones periódicas que, en ocasiones, podían ser más abundantes de lo deseado.

Hapi tiene poderes tanto masculinos como femeninos. Como dios del norte del Nilo se presenta coronado con plantas papiros y como dios de la parte sur del Nilo, con hermosas flores de loto, aunque, a veces, estas representaciones se reunían en una sola figura, cuando esta divinidad aparecía con papiros y lotos en la mano. Es frecuente que en los tronos de algunos faraones aparezcan estas dos plantas como símbolo de la unificación del país y del poder del rey sobre el Norte y el Sur.

La importancia del Nilo para la vida egipcia hacía que Hapi fuera adorado y respetado en gran manera, y los personajes más admirados de la primitiva egipcia se asimilaron a la figura de este dios. Incluso llegó a atribuírsele la creación de todas las cosas del universo y, en ese sentido, se pensó que podía ser el padre de Ra. El poder vivificante de Hapi con la fuerza del Sol, que hace fructificar los campos, eran la combinación perfecta de lo sobrenatural.

En aquellos tiempos, en Egipto, se desconocían las fuentes del Nilo, por lo que tampoco existía una explicación racional o científica para las subidas de las aguas y posterior retirada, por lo que, necesariamente, tenían que deberse a la intervención de alguna divinidad que se dedicara a bendecir al país con sus buenos oficios.

Cuando se producía la subida anual del Nilo, se celebraba un festival en honor de Hapi. Las estatuas del dios se paseaban por todos los pueblos y las ciudades para que pudiera recibir los honores que les tributaban sus devotos y, a su vez, se vieran beneficiados con la presencia misericordiosa del dios que propiciaba las buenas y abundantes cosechas.

Esta divinidad tenía sus compañeras o esposas. Parece que una de ellas era la gran diosa Isis, pero en el norte de

Egipto, la diosa Natch-ura se asociaba a Hapi, como su esposa, con los mismos poderes de su compañero.

En un papiro de la XVIII o XIX Dinastías, podemos ver cuán importante era la veneración de la que gozaba Hapi:"Honor a ti, oh Hapi, tú apareces en esta tierra y vienes en paz para hacer vivir a Egipto. Tú eres el Ser Escondido y el guía de la oscuridad en el día en que te agrada guiar. Eres el riego de los campos que Ra ha creado, das vida a los animales, das de beber a la tierra cuando bajas del cielo. Eres el amigo del pan y de Tchabu, el señor de los peces; cuando suben las aguas, las aves acuáticas no bajan a los campos sembrados de trigo. Eres el creador de la cebada y haces perdurar los templos, Eres el señor de los pobres y desamparados. Si cayeras derrotado, los dioses caerían del cielo y los hombres perecerían. Haces que en toda la tierra viva el ganado, los príncipes y los campesinos se acuesten para descansar, porque tú velas por ellos... Tu forma es la de Jnum. Cuando apareces sobre la tierra, surgen los gritos de alegría, porque todas las gentes están contentas, y todo hombre podrá comer, eres el todopoderoso de la carne y la bebida, eres el creador de todas las cosas buenas, el señor de la carne divina... Creas el alimento para el ganado y te interesas por todo lo que has ofrendado a los dioses. El mejor incienso es el que se tributa, eres el señor de las dos tierras. Llenas los silos, llenas de trigo los graneros y te preocupas por los pobres y los desemparados. Creas la hierba y haces que crezcan las cosas verdes para que se realicen los deseos de todos. Te haces fuerte para ser el escudo del hombre"

Nut: la diosa del cielo

Era la hija de los dos gemelos Shu y Tefnut, esposa de Geb, la Tierra, y la madre de Osiris e Isis, Set y Neftis. Era la personificación del cielo y del panteón religioso relacionado con él. Se cree que, en tiempos muy antiguos, Nut personificaba el cielo diurno y era la divinidad conocida como Naut, como personificación del cielo nocturno, pero luego esta división fue abandonada. Se la consideró esposa de Nu, el gran abismo de agua del que procedían todas las cosas, pero es conocida como esposa de Geb, pues ambas Nut, son las misma diosa. Se la representaba como una mujer que llevaba una vasija de agua en la cabeza. En algunas ocasiones se la puede ver luciendo los cuernos de Hathor.

Sin embargo, su identificación más común era la de una mujer apoyada en las manos y los pies, con el cuerpo formando un arco en un claro simbolismo de la bóveda celeste. Sus extremidades eran los cuatro pilares que sustentaban el cielo. Su mito más primitivo decía que Nut permanecía unida totalmente a Geb, hasta que el dios Shu los separó, en una alegoría de la separación de las aguas y las tierras, procediendo a la creación del mundo.

Otro de los mitos relacionados con esta divinidad decía que Nut daba a luz, cada día, al Sol, que cruzaba el cuerpo de la diosa para reaparecer a diario en el cielo. En el *Libro de los Muertos,* Nut es la responsable de facilitar el aire fresco a los difuntos. En Heliópolis tenía un árbol sagrado, el sicomoro. Las ramas de este árbol servían de refugio, en el mediodía ardiente de Egipto, a los muertos y a su sombra podían comer para reponer, con manjares que la propia diosa les proporcionaba.

Maat o Ma´at: la diosa del equilibrio y la verdad

La diosa Maat fue una de las primeras divinidades, pues cuando la barca de Ra surgió de las aguas primitivas, ella, junto con Thot, ya navegaba en dicha embarcación. Su símbolo es la pluma de avestruz, con la que aparece tocada o la lleva en la mano. Se cree que la pluma, dividida en dos partes iguales, quiere simbolizar la equidad, el equilibrio y, con el paso del tiempo vino a significar todo aquello que real y verdadero.

Así, esta diosa era la personificación de la ley, el orden y la verdad. Era la regularidad y la constancia con la que Ra emprendió el camino del cielo y, junto a Thot, trazó el itinerario que recorría todos los días y todas las noches. Por eso, en ocasiones, se la llama "la hija de Ra" o "el ojo de Ra". Como personificación de la justicia su poder moral era inmenso e inexorable, de tal manera, que se acabó identificando al destino individual de cada persona, del que reciben su premio o su castigo.

Asistía al juicio del alma, sentada en la sala del mundo de las sombras en la que se efectuaba dicho juicio, y su pluma era el contrapeso con el que se "pesaba" el corazón.

Atón: el disco del Sol

Tiene un puesto único dentro de la mitología egipcia y tiene muchas características comunes con los demás dioses, pero, como veremos, acabó convirtiéndose, durante un corto período de tiempo, en un dios único, tan ajeno al sentir religioso de las gentes egipcias. Su culto existía, desde antiguo, como una de las formas o advocaciones de Ra, o de Amón, aunque no se conocen muchas referencias a su culto con anterioridad a la V Dinastía.

Su origen es desconocido, pero sí se sabe que se veneraba como una deidad local, en las cercanías de Heliópolis, durante el Imperio Medio. El gran momento de Atón llegará con el faraón Amenhotep IV, que lo elevará a la categoría de dios único y universal, como veremos en el capítulo dedicado a la "revolución de Amarna".

OSIRIS: EL DIOS DE LA MUERTE Y LA RESURRECCIÓN

El dios Osiris fue el más querido por los egipcios, a pesar de ser la más misteriosa de las divinidades, y de origen más oscuro de todo el panteón de este pueblo. Habida cuenta de la fe y la esperanza que se tenía en la vida del más allá, no es de extrañar que Osiris, dios del reino de los muertos y de la vuelta a la vida, fuese el más popular.

Osiris, o As-ra, era adorado en todo Egipto, como protector de los muertos, guardián de las necrópolis y garante de la resurrección. Era el señor del mundo subterráneo, del mundo de los muertos, aunque también se le tenía como dios de la fertilidad y de la agricultura. En él se reunían, pues, la vida y la muerte. Y tan importante era la unión del alma de los difuntos con este dios que en las inscripciones funerarias, su nombre precedía al del muerto, formando un nombre compuesto por el de Osiris y el nombre real que se hubiera tenido en vida. Se le consideraba un dios justo, por lo que todos los que llevasen una existencia recta, gozarían del dios en el más allá. Tan importante era Osiris en el mundo oscuro, como Ra en el mundo luminoso.

Sin embargo, no se conoce el significado de su nombre ni su interpretación jeroglífica, representada por un ojo y un trono. Tampoco se sabe cuándo empezó a ser venerado, pues se cree que su culto era muy anterior a cualquiera de los textos que nos hablan de él. Los centros más antiguos en los que se le rendían culto eran Abydos, donde se creía que había estado su cabeza, y Mendes, en el Alto Egipto. Algunos sacerdotes aseguraban que la tumba del faraón Djer, que reinó alrededor del año 2900 a.C., era la tumba del propio Osiris. Puede que esté representado en la cabeza de una maza de Narmer en Hieraconpolis y en la chapa de madera del reino de Udy-mu o en Hesepti, el quinto faraón de la I Dinastía.

Los *Textos de las Pirámides* parecen demostrar, que antes de esta I Dinastía, ya existían capillas levantadas a Osiris en todo el territorio de Egipto. A veces, a Osiris se le daba el nombre de "Aquel que mora en Heliópolis", lugar principal de adoración de Ra, y de ahí que se le asociara con el dios Sol.

Osiris vivía, pacíficamente, en el reino de los muertos, juzgando a las almas que se presentaban ante él para otorgarles el premio o el castigo, y le acompañaban las almas de los bienaventurados. Así se nos dice en el *Libro de los Muertos*.

Se le solía representar envuelto en vendas, como las momias, llevando puesta la corona blanca en forma de cono que representa el sur del país y en sus manos llevaba el báculo y el mayal, dos de los símbolos de la realeza.

El mito de Osiris

Es, sin duda alguna, el más importante de los mitos de la religión egipcia. La historia completa no ha podido ser encontrada en los textos egipcios, pero se conoce gracias a los relatos de los escritores griegos, entre ellos, Plutarco de quien está tomada esta relación.

Nut, la diosa del Cielo era la esposa de Ra, el dios del Sol. Sin embargo, la amaba Geb y ella le correspondía. Enterado Ra de la infidelidad de su esposa, lleno de ira, la maldijo diciendo que sus hijos no nacerían en ningún mes ni en nigún año. La maldición era terrible, y proviniendo del dios de dioses no podía ser ignorada. Nut, atribulada, recurrió a Thot, que también estaba enamorado de la bella diosa. Llevado de su amor y de su astucia, buscó una solución al problema sin contravenir la orden divina de Ra.

Recurrió a la Luna, que en Egipto era una divinidad masculina, y cuya luz se oponía a la del Sol, pues una lucía de día y otra lucía de noche. La retó a un juego de mesa, y se produjeron las apuestas. La Luna apostó algo de su luz, la decimoséptima parte de cada una de sus iluminaciones, y perdió. Por eso su luz mengua y en ciertos períodos, de manera que ya no puede competir con el poderío de la luz solar. De la luz que le había arrebatado, creó Toht los cinco días que completaban el año, con los trescientos sesenta y cinco días. Estos cinco días no pertenecían ni al año anterior ni al año siguiente, ni a ningún mes en concreto. Fueron los cinco días en los que Nut parió a sus cinco hijos. Osiris fue el primero, en el primer día. Horus, fue el segundo, en el segundo día. Set, el tercero, Isis, el cuarto y Neftis el quinto.

Otras versiones, también griegas, sobre este tema decían que Nut y Geb estaban tan unidos que no existía ningún espacio entre ellos. Atum ordenó a Shu, el dios del aire, que pusiera remedio a esta situación y para lograrlo, se colocó sobre Geb, sosteniendo la cabeza de Nut de manera que no pudieran tocarse el uno al otro. Pero tanta precaución no sirvió de nada pues Nut estaba ya encinta. Atum, enfurecido, le dijo que no podría dar a luz en ninguno de los trescientos sesenta días que por, aquel entonces, conformaban el año egipcio.

Thoth, el dios de la sabiduría, compadecido de la situación de Nut que la condenaba a estar perennemente embarazada, y a la que amaba en secreto, desafió al resto de las divinidades a jugar a las damas, apostando tiempo. El astuto dios les ganó y así logró los cinco días en los que Nut pudo alumbrar a sus hijos; cinco, uno por cada día ganado, y el calendario, a partir de ese momento, contó con los trescientos sesenta y cinco días.

En el momento del nacimiento de Osiris, en todo el mundo, se oyó una potente voz que decía:"¡Ha nacido el señor de toda la Tierra!".Y como en todos los grandes mitos, existe otra versión que apunta a que esta voz sólo fue oída por un mortal, un hombre llamado Pamiles que transportaba agua al templo de Ra, en Tebas. El mensaje que recibió fue que anunciara el nacimiento del "gran y buen rey Osiris", cosa que Pamiles hizo de inmediato, y por eso le fue encomendada le educación del dios. Parece que en honor de este mortal se instauró el festival de Pamilia.

El tiempo pasó y Osiris se convirtió en el gran rey que se anunció en su nacimiento. Egipto conoció una época de felicidad y prosperidad como nunca antes. Se dedicó, junto a otros dioses, a educar a un pueblo bárbaro, sumido en la ignorancia, dándole leyes, enseñándole la agricultura y los ritos que debían tributar a las divinidades. Hecho todo esto, marchó hacia otros lugares que precisaban de su labor civilizadora.Y sus súbditos egipcios, guardaron en su corazón las enseñanzas y el buen hacer de este dios, respetándolo a tal punto, que besaban la tierra donde él posara sus divinas plantas.

Pero, como todos los seres bondadosos, sean dioses o mortales, Osiris tenía su enemigo declarado que era, ni más ni menos, que su hermano Set.

El malvado Set: el dios del desorden

Osiris estaba casado con su hermana, la diosa Isis, que gobernaba su reino cuando él se ausentaba. Las maquinaciones de Set para ascender al poder o para participar en él, nada pudieron contra el buen gobierno de la diosa. Pero, al regreso de Osiris, Set ideó un plan que le permitiera deshacerse de su hermano. Para llevarlo a cabo se alió con la reina etíope Aso y otros conspiradores, unos setenta y dos.

Sin que Osiris se percibiera de ello, Set consiguió medir el cuerpo del dios y mando hacer un cofre maravilloso, primorosamente decorado, donde pudiera caber Osiris. Hecho esto, le invitó a un banquete fastuoso en el que también se encontraban sus aliados conspiradores. La reina y esposa del dios, Isis, le había advertido en varias ocasiones que tuviera cuidado con las insidias de su hermano Set, pero en Osiris no cabía la desconfianza ni la maldad y tampoco creía que los demás pudieran albergar estos sentimientos.

Así pues, marchó al banquete, y cuando hubo terminado, Set mandó traer el cofre que todos admiraron por su belleza. Entre bromas, Set dijo que se lo regalaría a aquel invitado que cupiera en él, y uno tras otros, trataron de introducirse en el cofre, pero ninguno cupo hasta que le tocó el turno a Osiris. Encajaba, como un guante, en él y una vez que estuvo echado en su interior, cayó la tapa que fue claveteada en segundos y el dios quedó prisionero. Para asegurarse de que no podría salir, todas las juntas fueron aseguradas con plomo candente. El cofre fue arrojado al Nilo y dejado a merced de las aguas.

Cuando Isis se enteró de lo sucedido, lloró amargamente, se cortó un mechón de pelo y se vistió de luto. Había perdido a su hermano, a su esposo y a su amor. La diosa sabía que los muertos no pueden descansar en paz hasta que su cuerpo no recibe una sepultura digna, y se le tributara los ritos funerarios, y se decidió a buscar el cuerpo de Osiris.

Anduvo, durante mucho tiempo, vagando por la tierra, preguntando a los hombres y mujeres que encontraba si habían visto un hermoso cofre, flotando sobre las aguas o varado en alguna ribera, pero nadie sabía darle razón. Sin desesperar en su búsqueda se acercó a unos niños, que le contaron cómo unos hombres, entre ellos Set, abandonaron un cofre en el Nilo. A partir de entonces, los egipcios consideraron que los niños poseían poder adivinatarios.

Isis, experta en magia, hizo uso de estos conocimientos para saber dónde podría hallarse el cuerpo de su esposo. Y por fin supo que el cofre había llegado a Byblos, arrojado por las aguas en un árbol tamarisco que se convirtió en un árbol magnífico, de considerables dimensiones, que sorprendía por su belleza. Dentro de su tronco se hallaba el cofre con el cuerpo de Osiris. El rey de este país, admirado por la altura y la hermosura del tamarisco, lo hizo talar y llevar a su palacio para que sirviera de soporte al techo de su morada. Isis corrió hacia Byblos, y allí se sentó al lado de una fuente, hasta que llegaron las doncellas de la reina a por agua. Se dirigió a ellas, con el encanto que sólo posee una diosa, y les enseñó a trenzarse con gracia los cabellos y las perfumó con aromas desconocidos y deliciosos. Cuando llegaron a palacio, la reina les preguntó a qué se debía la belleza de sus peinados y esos aromas que exhalaban, y las doncellas le contaron el encuentro con una bella desconocida. Quiso la reina Astarte, o Athenais, conocerla y mandó que fueran a por ella. Llegada a palacio, Isis fue recibida con los brazos abiertos y tanto le gustó a la reina su trato que la nombró cuidadora de uno de los jóvenes príncipes.

Isis alimentaba al niño dándole a chupar uno de sus divinos dedos y cada noche, cuando todo el mundo dormía, encendía un gran fuego y sumergía en él al niño. Después ella se convertía en golondrina, y emitía tristes trinos de dolor por su esposo muerto. Pero sucedió que algunas de las doncellas, observaron, con horror, estas terribles prácticas y se lo contaron a la reina que quiso saber de había qué verdad en todo ello.

Una noche, se escondió y vio cómo, en efecto, Isis introducía al niño en las llamas, y espantada corrió a sacarlo de allí. La diosa, molesta, le recriminó su acción pues había privado al niño de la inmortalidad. Aquí vemos cómo, al igual que en otras mitologías, el fuego era el elemento que podía conferir a los mortales el don de la inmortalidad.

Isis le reveló a la reina su verdadera identidad y le contó por qué estaba allí, rogándole que le diera aquel pilar magnífico de su palacio que contenía el cofre con el cuerpo de Osiris. El dolor de Isis fue tan grande y sus súplicas tan terribles, que uno de los príncipes más pequeños, murió de terror al oírlas. La reina Astarte accedió a ello y el tronco fue abierto, apareciendo el cofre. Isis emprendió el regreso, por mar, a Egipto con su cofre, acompañada por uno de los hijos mayores del rey. Durante muchos años, el tronco que contuvo los restos de Osiris fue objeto de veneración en Byblos.

Al llegar a su patria, Isis abrió el cofre y, se repitió el duelo por los restos amados que yacían yertos en aquel envoltorio precioso. Había transcurrido mucho tiempo desde que abandonara Egipto, y entonces se acordó que había dejado a su hijo pequeño, Horus, en Buto. Ocultó el cofre y partió para recogerle. Y sucedió que el malvado Set había salido de caza y encontró el cofre, cuando él creía que ya estaba perdido hasta el recuerdo de su hermano Osiris. Lo abrió y despedazó el cuerpo en catorce trozos, esparciéndolos por todo Egipto. Así estaba seguro que nunca más volvería a saber de su hermano y podría disfrutar, sin temores, del trono que le había usurpado. Estaba seguro de que Isis y Osiris no tenían descendencia por lo que tampoco temía una futura venganza.

A su regreso, Isis contempló, desolada, el ultraje que se había cometido con el cuerpo de su esposo, pero, de nuevo, emprendió la búsqueda de los trozos. En una barca de papiro navegó por el Nilo, mientras los cocodrilos respetaban la frágil embarcación porque estaban seguros de que, a bordo, viajaba la diosa, incansable en su amor por el esposo muerto. Cuando Isis encontraba uno de los trozos del cadáver, levantaba un sepulcro para señalar el lugar, y ésta es la razón por la que en Egipto se hallan tantas tumbas de Osiris. En este triste viaje, Isis fue acompañada por su hermana Neftis.

Pacientemente, Isis logró recuperar todas las partes del cuerpo de su esposo y lo recompuso, llamando al dios Anubis, el de la cabeza de chacal, según algunos hijo de Neftis y según otros, el cuarto hijo de Geb y Nut, aunque no faltan versiones que dicen que era hijo del propio Osiris, para que lo embalsamase. Fue el primer embalsamamiento en la historia de Egipto y, por tanto, Anubis está considerado como el inventor de esta práctica.

Con los poderes de Anubis y los de Isis, Osiris volvió a la vida durante el tiempo necesario para que Isis recogiera el semen del dios y fecundarse con él. Y aquí tenemos otra versión del nacimiento de Horus. Isis se ocultó en Jemmis, en el delta del Nilo, para alumbrar a su hijo, fuera del alcance de Set.

Horus creció bajo los cuidados de su madre Isis, y de la diosa Hathor, la de cabeza de vaca que, además, fue su nodriza. Se estaba preparando para vengar a su padre y recuperar el trono que, tan injustamente, le arrebatara su tío Set.

Por su parte, Set, cuya prosapia era tan ilustre y divina como la de Osiris, Isis y Neftis, tenía una naturaleza perversa lo que no le privaba de cierto encanto con el que consiguió el favor de Ra. Su extraordinaria fuerza y capacidad sexual le hicieron ganar un considerable número de fieles. Su acción se asociaba a las terribles tormentas de arena, por lo que era importante contar con su favor para bandearlas sin sufrir daños. Se le veneraba, desde los primeros tiempos de la civilización egipcia, en un centro de culto situado en Naqada y si se le invocaba en calidad del señor del caos, podía conjurarse el peligro del mal tiempo, o eso al menos se creía. Parece que en las Dinastías XIX y XX, entre 1292 y 1075 a.C., tuvo cierta popularidad. Pero, pasado algún tiempo, en dinastías posteriores, se le identificó como el mal y se le acabó considerando como la encarnación del demonio.

Casado con su hermana Neftis, como a la mayoría de las divinidades egipcias, se le representaba con cabeza de animal, pero esta cabeza era la de un ser imaginario que no correspondía a ningún animal terrestre. Se le ha querido encontrar cierto parecido a la de un oso hormiguero. A veces, se le representaba con cabeza de cerdo que era uno de los animales "impuros" para los egipcios.

Éste era el dios con el que Horus tendría que vérselas para defender el honor de su padre, los desvelos de su madre y acceder al trono que le pertenecía por legítima herencia.

Horus y Set: el enfrentamiento

Cuando Horus ya tuvo la edad suficiente, Isis lo presentó ante el consejo de los dioses, como el sucesor de Osiris.

Pero no lo tuvo nada fácil. Ra y los otros dioses se enzarzaron en discusiones sobre si aquel muchacho debía poseer, o no, el trono de la Tierra. El dios supremo no parecía proclive a ello, se resistía a desposeer al poderoso Set de sus atribuciones reales, mientras que el resto de los dioses no tenían dudas sobre que el trono pertenecía a Horus. Thot, el escriba divino y el dios Shu, dios del aire y primogénito del creador, cerraron filas a favor de Horus.

Ra, se sentía molesto por el hecho de que hubiese dioses que se le opusieran y que osasen rebatir sus opiniones. Isis, por su parte, defendía magníficamente el derecho de su hijo. Lo hacía tan bien que Set, iracundo, amenazó con matar a un dios por cada día que Isis permaneciese en la asamblea de los dioses. Entonces, Ra, abrumado por la insistencia de Isis, los pareceres contrarios de los dioses y las bravatas de Set, decidió que se trasladasen a una isla, situada en medio del río, con la prohibición expresa al barquero de que pasase a nadie que se pareciese a Isis, o que fuera la misma diosa, que quedaba, así, expulsada del conciliábulo divino.

Pero, ¡qué no hará una madre por su hijo! Isis se disfrazó de anciana y rogó al barquero que la pasase hasta la isla, con el pretexto de que llevaba comida para un pastor que estaba allí desde hacía cinco días. El barquero, llamado Nemti, se negó, aunque ni por lo más remotó creía que aquella anciana fuese una diosa, ni mucho menos Isis, pero temía desobedecer las órdenes divinas. Pero un anillo de oro, en pago por sus servicios, le hicieron cambiar de opinión y así pudo Isis llegar al lugar donde se encontraban los dioses que, en ese momento, estaban en un banquete, descansando de tanta discusión.

Ahora, la diosa adoptó la figura de una hermosa mujer, vestida de viuda. Set, temiendo alguna estratagema, se le acercó y la abordó de inmediato.

"¿Quién eres y por qué estás aquí, qué quieres?" le preguntó. La joven viuda le respondió: "¡Oh gran señor! He venido a pedir justicia a los dioses. Yo era la mujer de un pastor, del que tuve un hijo. Mi marido, por desgracia, murió y cuando mi hijo fue a hacerse cargo del rebaño de su padre, un extraño se lo arrebató. Mi hijo protestó y sólo obtuvo a cambio la amenaza de recibir una paliza. Por favor, ¡ayúdame a que mi hijo recupere lo que es suyo!" Set, indignado, le contestó: "¿Cómo un extraño ha podido apropiarse del rebaño viviendo tu hijo?". Era lo que esperaba Isis. Convertida en un milano, voló hasta las ramas de un árbol cercano y desde allí se rió del dios mientras decía: "¡Tú mismo te has juzgado, Set"!

Todos los dioses, hasta el mismo Ra, estuvieron de acuerdo con Isis, y se dispusieron a coronar a Horus como el rey de la Tierra.

Pero, como la mayoría de los usurpadores, Set no estaba dispuesto a rendirse así como así, ni a aceptar el veredicto de las deidades, por lo que retó a Horus a una serie de combates. Con la aprobación de Ra, los dos dioses se convirtieron en hipopótamos y lucharon en las aguas del Nilo. "Aquel que sobreviva tres meses, poseerá el trono", dijo Set.

El enfrentamiento se presentaba lleno de ferocidad. Isis fabricó un arpón mágico con cobre e hilo y lo lanzó contra Set, pero el chapoteo formado por los hipopótamos dentro del agua, desvió la trayectoria del arpón que impactó en Horus. Isis recurrió a su magia y extrajo el arma del cuerpo de Horus. Lo lanzó de nuevo y esta vez sí que tuvo éxito, clavándose el arpón en el cuerpo de Set, que subió a la superficie gritando de dolor, al tiempo que le recordaba a la diosa que, al fin y al cabo, era su hermano, que le dejase tranquilo, e Isis se apiadó de Set y también le extrajo el arpón.

Horus, indignado por esta acción de su madre, favoreciendo a su enemigo, salió enfurecido del agua y, con un cuchillo que llevaba en las manos, le cortó la cabeza a Isis. Con ella en las manos se dirigió hacia las montañas.

Pero para algo era Isis la diosa de la magia. Se convirtió en una estatua de piedra y se fue andando hasta donde se encontraban los dioses. A Ra no le gustó nada la reacción del impulsivo joven que también molestó al resto de los dioses y, después de que Isis recuperase su forma normal, se pusieron a buscar por la Tierra a ese hijo ingrato.

Y lo encontró Set, mientras el joven Horus dormía bajo un *shenusha*, en un oasis del desierto. Set se abalanzó sobre él, sin darle tiempo a reaccionar, y le arrancó los ojos. Los enterró, sin perder tiempo, en las arenas del desierto, donde echaron raíces y originaron las bellas flores de loto. Allí quedó Horus, ciego y lleno dolor, mientras Set regresaba junto a Ra, diciendo que no le había visto.

También los otros dioses regresaron sin haberle encontrado. Sólo Hathor prosiguió la búsqueda, hasta que lo halló, a la mañana siguiente, en el lastimoso estado en que le dejara Set. Le limpió los ojos con leche de gacela y le devolvió la vista, tras lo que le llevó ante los dioses y relató el comportamiento cruel de Set.

Set había obrado mal, pero también Horus se había equivocado procediendo como lo hizo contra su madre que siempre velaba por él. Isis, como madre, ya le había perdonado, pero no así Ra, que se negó a protegerle y ordenó una tregua en el enfrentamiento que mantenían los dos dioses.

Pero a pesar del mandato divino, Set estaba cada vez más furioso y, muy pronto, Horus se encontró luchando de nuevo contra su rival y contra la cantidad de trampas y ardides que Set ideaba continuamente. Horus sólo podía defenderse con la legitimidad de su demanda y la magia de su madre, Isis.

La ayuda maternal resultó de vital importancia cuando Set sometió a Horus a un ataque sexual. En el antiguo Egipto se creía que el semen fluía por todas las venas del cuerpo y se consideraba un fluido tan poderoso como lleno de peligro. Por eso se cree que la palabra "semen" fuera tan parecido a la de "veneno". Además, como hemos visto, el poder del semen de un dios era asombrosamente fuerte.

Las luchas se prolongaban año tras año, sin que hubiera un claro vencedor. Así pasaron décadas de enfrentamientos entre Set y Horus y hasta las mismas divinidades se cansaron de tantos combates y de tanta rivalidad. Ra decidió poner fin a esa batalla que parecía que nunca fuera acabar y ordenó el cese de las hostilidades.

Set, sibilinamente, pareció plegarse a los designios divinos e invitó a Horus a pasar una noche en su casa, como signo de amistad y hospitalidad. Cuando cayó la noche y la tierra se durmió, los dos dioses se acostaron en una misma cama. Horus se durmió y Set intentó violarlo para demostrar su supremacía sobre él.

Horus pudo reaccionar a tiempo y recogiendo en una mano el semen de Set, se dirigió gritando hacia donde se encontraba su madre. Isis, que conociendo muy bien los poderes del semen divino, le cortó la mano en la que lo llevaba y la arrojó al Nilo, mientras le proporcionaba al hijo una nueva mano.

Y la venganza no se hizo esperar. Isis tomó semen de Horus y con él regó las lechugas del huerto de Set, las hortalizas que más le gustaban a este dios. Al día siguiente, Set se comió varias de estas lechugas y quedó "embarazado" del semen de su sobrino. Un hecho así, como es natural, sólo podía ocurrir entre los dioses.

Tan pronto como los dos enemigos comparecieron ante la asamblea divina, y como no podía ser menos, Set se jactó de su poderío, pero Horus pidó a los dioses que llamaran a su propio semen y al de su tío. Thot impuso sus manos sobre Horus e invocó al semen de Set, y ante la sorpresa general, el semen respondió desde el río. Se procedió de la misma forma sobre Set, invocando al semen de Horus, que respondió desde las entrañas del dios. Aunque la cosa estaba clara, Thot pidió, todavía, al semen de Horus que se manifestase en la frente de Set, y para su desesperación, lo hizo en forma de un sol dorado. Ya no cabían dudas, Horus había vencido a su tío Set.

Parecería que con esta prueba ya hubiera concluido el enfrentamiento de Horus y Set, pero no fue así. Todavía anduvieron a la gresca varias décadas más, hasta que Horus propuso un último reto. Cada uno construiría un barco de piedra y competirían en una carrera Nilo abajo. El que ganara se quedaría, definitivamente, con la corona de Osiris.

Horus fue el primer que acabó de construir su barco. Lo hizo de una madera de pino muy dura, y lo recubrió con piedra para que pareciese que era de este material. Set, al verlo, se dirigió a la cumbre de una montaña y con su poderoso bastón le dio un fuerte golpe del que surgió un gran barco de piedra. Se fletaron los dos sobre las aguas del Nilo y, como es lógico, el de Set se fue inmediatamente al fondo. Pero poco disfrutó Horus de su engaño y de su triunfo, pues Set se transformó en hipopótamo y, con toda su furia, acabó destrozando el barco de su rival. No se desesperó Horus que se hizo un arpón para acabar con Set mientras aún mantenía su aspecto animal, pero los dioses le impidieron utilizarlo.

Otra batalla que quedaba en tablas. Horus, sin saber ya qué hacer, marchó a Sais, la ciudad de la diosa de la sabiduría, Neit. Ante ella le imploró que le dijese cómo podría obtener justicia. Durante ochenta años había luchado contra Set. Le venció en muchas ocasiones y, sin embargo, seguían sin serle reconocidos sus derechos.

Los dioses comprendieron cuán justos eran los lamentos de Horus y que la verdad estaba de su parte. Cansados de aquella interminable disputa, Thot sugirió a Ra que consultase al mismo Osiris en el Hermoso Oeste, en el reino de los muertos que estaba bajo su gobierno. Y Ra así lo hizo, enviando un mensajero a Osiris.

El viaje fue largo, erizado de peligros, pero al final, el mensajero regresó con la respuesta que, como de esperar, apoyaba a Horus, al tiempo que preguntaba por qué no se había hecho justicia a su hijo, después de tantos años.

A Ra no les gustó el tono en que se expresaba Osiris y, de nuevo, mandó al mensajero, con otra contestación llena de arrogancia y soberbia. Pero, el bondadoso Osiris, en esta ocasión, mostró toda su furia. "Aquí en mi reino, hay muchos y poderosos demonios. ¿Tengo que enviarlos al mundo de los vivos para que me traigan el corazón de los malvados? Yo soy más poderoso que tú, Ra, pues tarde o temprano, hasta los mismos dioses vendréis a dormir al Hermoso Oeste".

Todos comprendieron que Osiris tenía razón y así se zanjó la polémica. Los dioses se reunieron y otorgaron el reino y la corona a Horus. Set se presentó encadenado, llevado por Isis, ante el tribunal, y acató, sin replicar, las órdenes de Ra, reconociendo el derecho de Horus al trono de su padre.

Horus reinó sobre la Tierra y todo Egipto se regocijó con la llegada de su nuevo rey. Ra no quiso que Set apareciese como el perdedor de todo y le compensó, en cierta medida, otorgándole un lugar junto a él, como su hijo, y le hizo el dios de las tormentas. Así, con sus relámpagos, rayos y truenos, podía seguir atemorizando a la humanidad por toda la eternidad, cosa que era muy del agrado del malvado Set.

Este mito encarnaba las luchas entre el orden y el caos, entre el bien y el mal y tenía un trasfondo político. A lo largo de su extensa historia, Egipto había vivido algunos momentos en los que parecía que se fuese a entronizar Set, y era fundamental para el equilibrio, la paz y la prosperidad, que triunfasen Osiris y Horus.

Horus tenía como sucesores a los propios faraones, que añadían a su nombre el del dios en una clara referencia a su antepasado divino, reafirmándose así como los representantes en la Tierra del divino orden establecido. No era muy común que en Egipto se produjeran ni sublevaciones contra la realeza ni usurpaciones de trono, pero no estaba de más contar con un mito que afianzase la idea de la supremacía del orden a través del faraón legítimo, representa también, de la unidad del país. En los templos, la victoria de la ley y el orden encarnado por Horus se representaba con la corona blanca, del Alto Egipto, como el ojo de Horus y la corona roja, del Bajo Egipto, como el otro ojo de Horus. Todo estaba, pues, en orden.

Neftis: la infiel esposa de Set

Era esta diosa hija de Nut y Geb y hermana, por tanto, de Osiris y Set, casada con este último. También era la madre de Anubis, pero la paternidad del dios chacal no se sabía bien si atribuirla a Set o a Osiris.

Neftis será siempre fiel a su hermana Isis. Se compadecerá de ella y la ayudará cuando llore y busque el cuerpo despedazado de Osiris, que ha perecido a manos de su malvado marido Set.

Su representación es la de una mujer que lleva sobre la cabeza, una cesta, símbolo de su nombre y una casa. En el *Libro de los Muertos*, aparece detrás de Osiris, al lado de su hermana Isis, durante el pesaje de los corazones.

Siguiendo a los griegos, Anubis era hijo de Osiris. Ambos hermanos, enamorados, aunque cada uno tenía su consorte, tuvieron ese hijo y que Set descubrió la infidelidad de su mujer por medio de una guirnalda que le había regalado el dios del reino de los muertos.

Algunos mitógrafos oponen las figuras de las dos hermanas: Isis representa la vida, el nacimiento, el crecimiento, el desarrollo y la fuerza, mientras que Neftis representa la muerte, el ocaso, la inmovilidad. Otros dicen que Isis sería aquella parte del mundo que es visible y Neftis, la invisible. La primera, sería las cosas que existen y la segunda, las cosas que todavía han de ser creadas. No se conocen demasiado bien los atributos reales de esta diosa, pero se acabó identificándola con la "muerte que no es eterna", ya que con Isis preparó el lecho mortuorio y los vendajes para Osiris y permaneció a su lado durante el proceso de momificación del dios.

En los períodos tardíos, estas dos hermanas divinas eran representadas por dos sacerdotisas que llevaban la cabezas rapadas y que lucían, sobre ellas, guirnaldas trenzadas hechas con la lana de un carnero. En uno de los brazos llevaban una cinta dedicada a Isis y, en el otro, una cinta dedicada Neftis.

Anubis: el dios chacal que guiaba a los muertos

Anubis, también llamado An-pu, era según algunas versiones el hijo de Osiris y Neftis, y según otras, hijo de Set. Su cuerpo era el de un hombre, pero su cabeza era de chacal, un animal que suele merodear alrededor de las tumbas y se alimenta de los despojos.

Su culto era muy antiguo, quizá en origen fuese un dios totémico. Cuando los hombres morían, Anubis se encargaba de llevarlos, guiándolos, por el mundo de las sombras, hacia la morada de Osiris.

Se le veneraba de manera especial en Lycopolis y Abt, aunque su culto estaba ampliamente extendido. Es uno de los personajes más importantes del *Libro de los Muertos*, sobre todo en aquellos pasajes que están dedicados al embalsamiemto de los difuntos y al por qué de esta práctica. Él fue el primero que embalsamó un cuerpo, el de Osiris, ayudando a las afligidas hermanas, Isis y Neftis, que lloraban al hermano y esposo muerto, cruelmente descuartizado, simbolizando, en cierta forma, la fidelidad del perro. Parece que en tiempos muy primitivos, pudiera ser que Anubis fuera un perro en lugar de un chacal, aunque, este animal, que abunda mucho en Egipto, estaba semidomesticado en esta civilización. Es muy común en las mitologías de muchos lugares del mundo, que un perro siga fielmente al difunto, y le acompañe en su viaje al más allá. En este camino sombrío por el mundo subterráneo por el que Anubis conducía a los muertos, estaba ayudado por otra divinidad, Up-uaut, cuyo nombre parece que significa "el que abre los caminos". Parece que este dios se asimiló completamente a Anubis, aunque en algunos textos, se citan por separado. En algunas versiones, Anubis sería el que abre los caminos del Norte y U-uaut, el que hace lo propio con los caminos del Sur.

También era labor de Anubis vigilar que el fiel de la balanza en la que se procedía a pesar el alma del difunto, estuviera en la posición correcta y las bondades y maldades pudieran ser catalogadas con toda honradez. Protegía al alma del "Devorador de los Muertos", que esperaba, impaciente, el pesaje para ver si podía comerse a los condenados.

Anubis tuvo muchos seguidores, no sólo en Egipto sino también en Roma que adoptó para su panteón a varias divinidades egipcias.

Thot: el escriba divino y gran señor de los libros

Thot o Tehuti, era una divinidad con muchos atributos y de personalidad muy densa. Según los lugares y según en qué textos, se le cita como el contador de las estrellas, como gran señor de los libros, escriba de los dioses y poseedor del discurso divino. Solía representarse con cuerpo humano y cabeza de ibis, pero también adoptaba la forma completa de este ave. Otra forma de Thot era la que le presentaba como un mono con cabeza de perro, que quería simbolizar sus poderes de equilibrio y ecuanimidad. Sobre la cabeza lucía el creciente lunar y el disco solar, la corona de Atef y las coronas del Norte y del Sur. En el *Libro de los Muertos*, además de todos estos símbolos, llevaba el junco y la paleta del escriba, anotando en sus tablillas el registro de los muertos cuyos corazones se pesaban en su presencia.

Se le veneraba en Hermópolis, como una de las principales deidades de la ciudad. Se le atribuyen los poderes mentales del gran Ra, y como hacedor del discurso divino, parece que las palabras de Ra las ponía en su boca el mismo Thot.

Primitivamente, el dios Thot era la divinidad de la Luna. Se le conocía como "el gran dios" y "el señor de cielo". La Luna era, en tiempos antiguos, la reguladora de las estaciones, y, sin duda, existieron antes los calendarios lunares que los que medían el tiempo solar. Por ello, las gentes decían la "Luna de las semillas", la "Luna de los venados", la "Luna de las cosechas"... Como dios de la Luna, Thot, era el regulador y medidor del tiempo. Como Aah-Tehuti simbolizaba la Luna nueva, y bajo esta fase, se comenzaba a medir el tiempo. El ojo de Thot simboliza la Luna nueva en la misma medida que el ojo de Ra simboliza el Sol del mediodía. También se asocia al ojo izquierdo de Ra, o sea, la mitad del año correspondiente a las estaciones del otoño e invierno, cuando el Sol es menos intenso. A Thot se le llama, en ocasiones "el ojo negro de Horus", siendo el "ojo blanco" el Sol. Esto nos puede dar una idea de cómo se amalgamaron y, en ocasiones se confundieron, los atributos de las distintas divinidades egipcias. Como dios de la Luna, a Thot se le relacionaba con la humedad, y en un capítulo del *Libro de los Muertos*, se le menciona como divinidad de la lluvia y la tormenta.

Sin embargo, los sacerdotes egipcios otorgaban a Thot el importantísimo papel de registrador de las almas antes que Osiris. Su conocimiento de las letras, su sabiduría y don de juicio justo, le hacían desempeñar este cargo de importancia capital. Poseía el poder de enseñar la forma correcta de pronunciar las palabras, lo que determinaba el éxito de las plegarias y de los conjuros mágicos que permitían al alma manejarse en el mundo subterráneo. Thot creó la fórmula que abría las puertas del *duat* y la transmitió a los hombres. Se creía que había escrito el *Libro de los Muertos* y el *Libro de la Vida*, obra bastante posterior.

Los griegos llamaron a Thot, Trismegistos, o Hermes Tres Veces Grande, como la fuente más importante del aprendizaje y la sabiduría. Se le atribuyeron la invención de las ciencias, la astronomía y la astrología, las matemáticas, la geometría y la medicina. También fueron obras suyas las letras del alfabeto, y de ellas surgieron los saberes de leer y escribir. Siguiendo a los griegos, Thot habría escrito cuarenta y dos libros, divididos en seis apartados: tratados de teología y de leyes, el servicio de los dioses, historia, geografía y escritura, astronomía y astrología, escritos religiosos y medicina.

DIVINIDADES PROTECTORAS

Casi todas las divinidades protectoras egipcias eran diosas, por las que se sentía gran respeto y veneración. Algunas de ellas se adoraron en Roma hasta el final del Imperio. Había diosas de la fertilidad, del alumbramiento y de la curación, aunque no faltaban diosas guerreras y magas poderosas.

Isis: la diosa universal

La gran diosa Isis, esposa de Osiris y madre de Horus, fue la más venerada de todo el panteón femenino. Su influencia fue tan grande, que su culto pasó a los griegos y a los romanos que la llevaron, en sus conquistas, por toda Europa, hasta la lejana Britania. Todavía hoy, muchos de los puentes que en Londres cruzan el Támesis, llevan su imagen tallada. En la época tardía del Imperio romano incluso su culto rivalizaba en importancia con el cristianismo que ya comenzaba a afianzarse. Se dice que en nuestros días aún se la venera en algunas sociedades dedicadas a revivir ciertos cultos antiquísimos.

Isis representaba muchos aspectos de la cultura egipcia y se decía que, junto a Osiris, contribuyó a extender la civilización por el país del Nilo, enseñando cómo tenían que ararse los campos, enseñando a curar e instituyendo el matrimonio.

Es muy posible que la personalidad de Isis se configurase a partir de una primitiva divinidad de la fertilidad. Se sabe que los egipcios adoraban, desde tiempos inmemoriales, a una diosa con el vientre abultado, símbolo de la maternidad. Algunos mitógrafos sugieren un posible origen libio de esta diosa y suele estar representada con la forma de una mujer coronada, a veces con cuernos en cuyo interior aparece un disco, llevando un cetro de papiro en la mano. También se la representa con alas radiantes, de muchos colores, en referencia a al aire que produce con ellas para revivir a su esposo.

Hermana y esposa de Osiris, le ayudó en su combate con Set y le devolvió a la vida. Adoptó la figura de un milano y, batiendo las alas, insufló sobre su marido muerto, un hálito de vida. Al revivirlo, la diosa quedó embarazada para, más tarde, dar a luz a Horus. Este aspecto de la resurrección se representará en muchos sarcófagos bajo la forma de un ave que cubre con sus alas al muerto.

Como madre de Horus, Isis, además de ser el vínculo entre la divinidad y los faraones, era también una diosa maternal, siempre preocupada por su hijo, lo que le hizo ganar una enorme popularidad y contar con infinidad de devotos. También como madre se la consideraba protectora de los niños y su nombre se invocaba con plegarias para que sanasen los pequeños. Por ejemplo, para curar una quemadura se aplicaba sobre ella una especie de cataplasma hecha con leche materna, resina y pelos de gato, mientras se decía un conjuro en el que se recordaba cómo Isis había aliviado el dolor de hijo encontrándose éste en el desierto y sin tener nada a mano para socorrerle. La diosa le aplicó un emplasto de saliva y orina, consiguiendo que Horus sanase.

Después de tener a Horus en Jemmis, en el delta del Nilo, como una madre atenta, cuidó de su pequeño para que creciese sano y fuerte, y pudiera vengar a su padre Osiris. Los atributos de la diosa fueron aumentando a medida que se popularizaron las leyendas sobre las luchas entre Horus y Set. Se la consideraba la esposa amante y perfecta, capaz de curar e insuflar la vida, diosa de la infancia y de la fecundidad, gran maga y diosa astuta y hábil "más lista que un millón de dioses juntos".

Uno de los mitos más conocidos sobre Isis, fue el que relata cómo la diosa consiguió que el Sol le revelase su nombre secreto, con lo que tendría poder sobre él.

Isis era la divinidad egipcia que estaba íntimamente ligada a la magia, en la que creían los egipcios religiosamente. Quería la diosa ascender a lo más alto de panteón, junto a su hijo Horus, y la única manera de conseguir esta ascensión era descubrir el nombre secreto del gran Ra, el dios del Sol.

Un buen día, Ra estaba durmiendo, con total placidez, roncando y cayéndosele la baba por una de las comisuras de sus labios. Se acercó a él Isis, sigilosamente, y recogió este hilo de saliva que había caído al suelo. Lo mezcló con arcilla y modeló una serpiente venenosa. Con su magia, le infundió vida.

Sabía Isis que Ra solía pasear con frecuencia y siempre lo hacía por los mismos lugares, entre ellos un cruce de caminos en el que la diosa dejó la serpiente a la espera de lo que iba a suceder.

Ra, como muy bien previó Isis, después de aquella siesta, salió a dar su paseo habitual. Pasó por el cruce y la malvada serpiente, le picó. Ra no la había visto, pero sintió el agudo dolor de su picadura y notó cómo el veneno se le extendía por el cuerpo. Comenzó a sentirse mal, le subió la fiebre, mientras los escalofríos le recorrían de la cabeza a los pies. Pidió ayuda a los otros dioses, pero no sabían cómo atajar el dolor y el daño que sufría Ra, al que ya veían muerto.

Entonces apareció Isis, rodeada de un gran esplendor y le dijo al dios que ella podía sanarlo, pero siempre que le revelase cuál era su nombre secreto. Ra se negó en redondo a tal cosa y la diosa esperó. Pero el dios empeoraba, se sentía en la más terrible de las agonías, e Isis insistió en su demanda. Ra, accedió con la condición de que no se lo diría a nadie más que a Horus. Así lo pormetió la diosa y en el momento en que Ra pronunció su nombre secreto, cesó el dolor y el veneno dejó de actuar.

Así recuperó el Sol su salud e Isis y su hijo Horus consiguieron el poder y la preponderancia social entre los dioses que deseaban.

Los mitos sobre esta diosa se hicieron tan reales y se enraizaron de tal forma en la vida de los egipcios, que llegaron a considerar que Isis había sido una mujer de carne y hueso. Sus atributos se fueron multiplicando: deidad femenia que hacía fructificar la tierra, y conocedora de las fórmulas mágicas con las que animales y hombres podían ahuyentar la muerte. Su símbolo astronómico era la estrella Sept, que marcaba el inicio de la primavera y la llegada de la inundación anual del

Nilo, y se la creía la diosa de los vientos primaverales. Se la conoció con el nombre de Khut, como deidad de la luz de la primavera; como Usert cuando representaba la tierra fértil; como Sati cuando propiciaba la llegada de las aguas desbordadas del Nilo, además de ser la diosa de la vendimia y de los alimentos y de todas las fuerzas que los hacían fructificar.

Hathor: diosa del amor, la fecundidad y la embriaguez

Junto con Isis era una de las diosas favoritas de las fieles egipcios, y tenía también varias identidades, pues se la conocía bajo una apariencia humana, o como una leona, una vaca e incluso una serpiente o un sicomoro. Estaba consideraba como la "Señora del Oeste", lugar de los muertos, y por tanto era, en este sentido, una divinidad funeraria.

Hathor era hija directa de Ra, cuerpo de su cuerpo, pues su creación surgió del ojo del dios del Sol. Este mito procede de la versión que aparece en la tumba de Tutankamón, sobreel año 1323 a.C., pero es casi seguro que es muy anterior en el tiempo.

Ra estaba muy disgustado con el comportamiento de los humanos. El dios envejecía y los hombres le faltaban constantemente al respeto, ya no temían ni su castigo ni su ira, pensaban, incluso, en arrebatarle el trono. Convocó a los otros dioses para pedirles consejos sobre este particular y todos escucharon la opinión de la diosa más antigua, Nun.

Propuso Nun acabar con el género humano con el propio calor del sol, quemándolo. Cuando Ra empezó a desprender su calor abrasador, los hombres se escondieron y se refugiaron bajo piedras y rocas, escapando así de la furia divina. Ante este fracaso Ra convocó, de nuevo, a los dioses, y esta vez las opiniones fueron unánimes: lo mejor era que el dios enviase su ojo, bajo la forma de Hathor-Sejmet. Hathor había sido creada por Atum, con uno de sus ojos, para que buscase a sus hijos, que le abandonaron y logró encontrarlos y hacerles regresar junto a su padre.

Como Hathor-Sejmet muy bien podía castigar a la díscola humanidad. "Ningún ojo mejor que el tuyo para este castigo", concluyó Nun, y así lo hizo Ra.

Bajo la forma de una terrible leona, Hathor-Sejmet, organizó una verdadera carnicería entre los humanos. Pero cuando Ra, siempre benévolo, le ordenó que regresase y cesasen las muertes, la diosa ya conocía el sabor de la sangre y le había gustado. Quería seguir en la Tierra y acabar con el resto de la humanidad.

No era eso lo que quería Ra, que sólo pretendía dar un buen escarmiento a los hombres, pero no exterminarlos por completo.

Cuando Hathor se detuvo, Ra envió unos mensajeros a Asuán para que recogiesen ocre rojo del que se produce en este lugar. Con él, mandó al sumo sacerdote de Heliópolis preparar una gran cantidad de cerveza que se mezcló con el ocre, hasta llenar unas siete mil jarras y con otra combinación de alcohol. Este preparado líquido lo hizo derramar sobre los campos sobre los que, al día siguiente, iba a actuar la diosa. Tal parecía que estuvieran impregnados en sangre y Hathor al verlos, creyó que ya había pasado por allí. Se acercó a ellos para beber lo que ella consideraba sangre, pero descendió con tanta fuerza que cayó al suelo y perdió el conocimiento.

Al recuperarse, de su mente se había borrado el propósito destructor que animaba la diosa y regresó a su hogar, volviendo a ser una diosa benevolente.

Ra, en señal de perdón hacia sus súbditos, les permitió beber cuanto deseasen en las festividades en honor de Hathor, con lo que se pasó a considerarla la Señora de la Embriaguez.

Cuando se la representaba como vaca, era la diosa de la fecundidad y se la asociaba con el nacimiento de los faraones, al igual que a Isis y Mut, como madre de los reyes egipcios. Por ello es frecuente ver representaciones de faraones que están mamando de los senos de la diosa vaca Hathor. Pero además, al ser esta diosa esposa de Horus y los faraones la encarnación de Horus sobre la Tierra, el vínculo divino de los reyes estaba doblemente reforzado. Ellos mismos se intitulaban "los hijos de Hathor", aunque luego también lo serían de Isis, de manera que, con el paso del tiempo, estas dos divinidades femeninas pasarían a integrarse en una sola.

Como enemiga declarada del mal, esta diosa llevaba en sus manos un instrumento musical llamado *sistrum*, un tipo de carraca que hacía sonar para ahuyentar los malos espíritus y las fuerzas malignas. Compartía con Isis los poderes curativos aplicados a la salud. Por este motivo, en el centro de culto de Dandara, donde era venerada, existían unos cubículos, una especie de nichos de ladrillo, donde se introducía a los enfermos con la firme esperanza de que sanasen al contacto con el agua sagrada del Nilo y los buenos oficios de esta diosa, con los cuales ya había sanado los ojos de Horus, cuando Set se los arrebató en el desierto.

Pero su advocación más popular fue la de diosa del amor y la belleza, así como de la música y la danza. Sus apelativos eran los de "La de la hermosa cabellera", "La Señora del Cielo" o "La Dorada". En Dandara se daba por cierto que, después un apasionado encuentro sexual con Horus, concibió un hijo suyo, llamado Ihy, cuya traducción vendría a decir algo así como "la que toca el *sistrum*", y que personificaba el éxtasis musical. Su fascinante erotismo parece que surtió efecto en el mismo Ra. Estando el dios muy deprimido, Hathor se puso a bailar desnuda delante de él, hasta que Ra sonrió al verla tan hermosa y danzando tan maravillosamente. Desde entonces, los sacerdotes rememoraban esta danza divina, llevando la imagen de la diosa desde el interior de su santuario hasta la terraza, donde acompañada de música, "bailaba" ante el rostro del Sol radiante.

Las relaciones de Hathor y Ra se ponen de manifiesto en varias ocasiones. En ciertos ritos se la mencionaba como madre del Sol y entonces llevaba, entre sus cuernos, el disco solar. En otras, se la consideraba hija del ojo de Ra, y sin embargo, su nombre significa "El Templo de Horus", *Huwt-Hor*, que le otorga su designación como "Señora del Cielo".

De la misma forma que Isis, el culto a Hathor también traspasó las fronteras egipcias, siendo adorada por los griegos, que la identificaron con Afrodita, diosa como ella, de la belleza y del amor. En Byblos también se le tributan honores divinos. "La Señora de Byblos" la llamaban y en la península del Sinaí, de cuyas minas de turquesas procedían casi todas las que se usaban en las joyas de la Antigüedad, tenía un templo dedicado a ella, donde se la veneraba como *nebt mefkat*, o "señora de las turquesas".

Todas las regiones que eran especialmente fértiles o ricas, se consideraban como pertenecientes al reino de Hathor. Se tiene constancia que, hacia el año 2250 a.C., un funcionario llamado Harkhuf, registró un cargamento que venía de Nubia, con trescientos asnos cargados de riquezas de todo tipo: marfiles, incienso, ébano, pieles de pantera y joyas incontables. En su anotación no lo consignó como un botín de guerra, como en realidad era, sino como un regalo de la diosa Hathor para el faraón reinante.

También era importante su faceta de diosa funeraria, y como tal se la veneraba en Tebas, cuyas necróplis estaban bajo la protección de esta diosa. A menudo se la ve representada atendiendo las almas de los muertos a las que facilita alimento y agua fresca. Muchos eran los devotos que esperaban, tras su muerte, formar parte del séquito de Hathor para estar protegidos por ella en la vida eterna.

La Señora del Oeste la vemos representada como una vaca que sale del desierto, lugar en el que se encontraban la mayor parte de los enterramientos faraónicos, para beber en los oasis donde florecían los papiros. Esta representación tenía un gran poder simbólico: era el vínculo de unión entre la vida eterna, aspiración de todo egipcio y la posibilidad, tras su muerte, de acceder a la fecundidad de las aguas de Nilo con las que compartían su vida terrenal. Cuando entraban en el mundo de los muertos, los más buenos y justos, podían tener la seguridad de que Hathor los cubría con su túnica y los aislaba de los numerosos peligros que podían acecharles en el reino de los sombras.

LAS DIOSAS DE LA FECUNDIDAD

En algunas ocasiones Hathor iba acompañada por **Taweret**, la diosa con la cabeza de hipopótamo y el vientre abultado, protectora de las mujeres encinta. Era una de las mujeres de Set, que algunas veces también se representaba como un hipopótamo, pero en el enfrentamiento de su esposo con Horus, se puso de parte de este último.

Otra diosa protectora del alumbramiento era **Heket**, a la que se invocaba en el momento de producirse el parto. Parece que a las camadronas se les daba el nombre de "las siervas de Heket". Esta diosa formaba parte de la Ogdóada, de las divinidades creadoras más antiguas y su representación era una rana. Este animal simbolizaba la crecida del Nilo, pues con su llegada, las ranas que permanecían escondidas entre el barro para conservar la humedad, salían de él como por arte de magia.

La diosa **Sopdet** era otra de las deidades asociadas a la estación de la fertilidad pues estaba relacionada con la estrella Sirio. Cuando hacía su aparición en el horizonte señalaba el comienzo de la temporada de la subida de las aguas del Nilo.

Tambien había otra diosa relacionada directamente con el parto: **Mesjenet**, identificada con el "ladrillo del parto", sobre el que daban a luz las mujeres egipcias, que lo hacían en cuclillas. Se le atribuía el poder de predecir el destino del recién nacido en el momento del parto. A partir del Imperio Nuevo, esta facultad se atribuyó al dios Shai.

Bastet: la diosa gato

Compartía popularidad con Isis y Hathor, y en un principio su nombre significaba "la del frasco con ungüento". Se la representaba con cabeza de leona y un cetro en la mano pero, poco a poco, la leona se fue convirtiendo en una plácida gata, con cuerpo humano y un *sistrum* en la mano en lugar del cetro.

El gato no era un aminal que representase la fiereza, sino el relax y el descanso en el ámbito del hogar, así como la fecundidad. Era una mascota muy apreciada entre las clases humildes y también entre las que no lo eran tanto. Se les quería y respetaba, porque cazaban los ratones y mantenían las casas libres de estos molestos roedores que, además, podían transmitir numerosas enfermedades. Cuando a una familia del antiguo Egipto se le moría el gato, se rapaban las cejas en señal de luto, y si había posibles, se le momificaba en señal de cariño y para asegurarle la vida del más allá. En la ciudad de Bubastis, donde se veneraba a Bastet, se ha encontrado una necrópolis con más de 300.000 gatos momificados. A menudo, el gato se asociaba a la realeza y al sacerdocio, pues abundaban los gatos en los silos sagrados donde se guardaban los cereales, especialmente el trigo, que se ofrendaba a los dioses y donde, de no haber gatos, hubieran proliferado las ratas.

A Bastet se la consideraba hija del dios Sol, como Isis y Hathor, y con grandes poderes protectores. El festival que se celebraba, cada año, en honor de la diosa gato era uno de los más concurridos de todo Egipto. Heródoto lo relató con todo lujo de detalles, pero durante años se creyó que era una fabulación del viajero e historiador griego, hasta que los arqueólogos demostraron que existían evidencias de que lo narrado era cierto.

Tenía lugar este festival en Bubastis, el centro de culto de Bastet. Se encontraba esta ciudad a unos setenta y cinco kilómetros de El Cairo y la mejor manera de acceder hasta ella era por barco. Según cuenta Heródoto: "Llegaban grandes barcazas, llenas de gente, hombres y mujeres juntos. Durante todo el trayecto, muchas mujeres no dejaban de hacer sonar sus castañuelas, mientras los hombres les acompañaban tocando las flautas. Muchos de ellos cantaban y batían palmas. Cuando pasaban cerca de una población, acercaban la barca a la orilla, y mientras algunas mujeres proseguían tocando las castañuelas y cantando, otras insultaban a las mujeres de la población, se ponían a bailar o, de pie sobre la barca, se subían las faldas. Al llegar a Bubastis, se hacían complicados sacrificios en honor de la diosa y se bebía más vino en los días de este festival que durante el resto del año"

Heródoto dice que contabilizó unas setecientas mil personas, "sin contar los niños", las que asistían al festival de Bastet que él pudo contemplar.

"Los gatos que habían muerto", proseguía Heródoto, "se llevaban al templo rojo de la diosa Bastet en Bubastis y allí se les embalsamaba y enterraba en receptáculos sagrados". Todo esto parecía fruto de la fantasía, hasta que en 1887, el arqueólogo Edouard Neville dio con el emplazamiento del templo principal de esta diosa y descubrió que, en sus cámaras subterráneas, auténticas catacumbas, dormían el sueño eterno miles y miles de gatos momificados. Pero es que, en otros templos funerarios faraónicos se encontraron también muchos gatos convenientemente momificados y enterrados, probando así que los reyes-dioses adoraban a Bastet.

Uno de los mitos referentes a Bastet, la asocian con Hathor. La diosa vaca había sido también diosa leona, y se mostró en toda su fiereza actuando contra los humanos. Bien lo sabían los antiguos egipcios que temían las actuaciones de los dioses iracundos. Convertida en Sejmet, cuando decide regresar junto a Ra, vuelve a ser la diosa plácida, oponiendo a la ira y poderío destructor de la leona, la docilidad del gato.

En una de sus facteas, como ojo de Ra, Hathor se rebeló, una vez, contra el dios del Sol y huyó a los desiertos de Nubia. Thot, el dios conciliador, fue a buscarla y con sorpresa, cuando la encontró vio que no era una leona fiera, sino una hermosa gata. Intentó convencerla para que volviese a su lugar, contándole historias del Egipto que había dejado atrás para despertar su añoranza, pero consiguió el efecto contrario. Se enfureció la diosa y, de nuevo adoptó la figura de la leona Sejmet. Pero Thot no se dio por vencido e insistió hasta que decidió la diosa regresar junto con el dios, a su patria, donde le esperaban sus fieles para bendecirla y aclamarla.

Pero los peligros estaban al acecho y el viaje de vuelta no fue fácil. Casi estaban ya a punto de alcanzar Egipto, cuando, cansada, Hathor se durmió. Apofis, la serpiente del caos, se lanzó sobre ella. Thot lo vio y corrió a despertarla, pues estaba a punto de perecer. Vencida la serpiente, ambos entraron en Heliópolis donde, por fin, el ojo de Ra se reunió con el dios.

OTRAS DIOSAS: NEIT Y SATIS

Hasta hora hemos visto las diosas más veneradas, las que contaban con más adeptos, pero existían otras divinidades femeninas, algunas de cultos muy antiguos. Entre ellas estaba Neit, que, primitivamente, era una diosa arquera del delta, con escudo y flechas entrecruzadas. También estuvo asociada a los ritos funerarios y a la sabiduría. Era temible, pero con un gran sentido de la justicia, por lo que solía intervenir en los conflictos entre los dioses. En algunas versiones se le atribuía la maternidad de Sobek, Isis, Ra y la serpiente Apofis. Hay mitos que la presentan como el primer ser vivo que surgió del montículo primigenio. Los griegos vieron en esta diosa a su divinidad Artemisa y los romanos a su diosa Diana.

Satis era la diosa que guardaba la frontera meridional de Egipto, ejerciendo como protectora militar. Su centro principal de culto estaba en el lugar donde empezaba la crecida del Nilo, y de la que era responsable, en gran medida, según los antiguos egipcios. Su relación con las aguas sagradas del Nilo la hacía, también, una divinidad purificadora de los muertos.

LAS DIVINIDADES EXTRANJERAS

A pesar de ser bastante impermeables, los egipcios recibieron también la influencia de divinidades extranjeras. Con la invasión de los hicsos, cuya llegada a Egipto se sitúa entre los siglos XVIII y XVI a.C., procedentes de la región de Palestina, el panteón del país del Nilo se vio incrementado con divinidades de carácter guerrero: Anat y Astarté y una diosa del amor Qudshu. Pero también Fenicia, Siria o Libia aportaron sus divinidades que los egipcios nunca discutieron y siempre respetaron, haciendo gala de tolerancia, en la que tal vez existía algo de temor, debido a su profunda religiosidad. Una divinidad, por muy extranjera que fuese, era igual a otra dentro de ese contexto de devoción que sentían por todo lo sagrado, fuera propio o fuera ajeno.

Baal: el dios del trueno y de la guerra

Del Asia semítica llegó, además de estas diosas, el poderoso Baal sirio, terrible dios de la guerra, que personificaba el calor sofocante del sol, los misterios y terrores del desierto y el viento destructor. Egipto luchó durante muchos años con los sirios, siendo un enemigo al que no era fácil derrotar, por lo que pensaron que su divinidad tenía, por fuerza, que ser muy fuerte. La dinastía de los Ramesidas la llevaron a su país, y ellos mismos se consideran tan valientes y poderosos como Baal en el cielo. Ramsés II le mandó eregir un templo en Tanis.

Baal, en algunos aspectos, se identificó con Set, y ambos dioses se creía que compartían atributos.

En el Antiguo Testamento, Baal aparecía como un ídolo terrible al que se le tributan sacrificios humanos.

Anat: la diosa siria amada por los Ramésidas

Anat o Anthat, era una diosa de la guerra, cuyo culto estaba muy extendido en Siria, en los tiempos en que los egipcios estaban ampliando sus fronteras en Asia. Los prisioneros sirios que, en calidad de esclavos fueron llevados a Egipto, debieron de introducir esta diosa en el país. Bajo el reinado de Thothmes, o Tutmosis III se le construyó una capilla en Tebas. También honró a esta divinidad Ramsés II, culto y veneración que prosiguió con Ramsés III, un faraón guerrero que bautizó a una de sus hijas como Banth-Ant, "la hija de Anat". No se conoce gran cosa de los ritos que se le dedicaban pero su representación era la de una mujer que está sentada en un trono o de pie ante él. Cuando aparece sentada lleva un garrote en su mano izquierda y en la derecha, una lanza y un escudo. Si está de pie, viste una piel de pantera, en la mano izquierda tiene el emblema de la vida y en la mano derecha, un cetro de papiro. Está tocada con la corona blanca. Con el tiempo fue ganando devotos y se la relacionó con Set que, como ya sabemos, era el dios violento y luchador, como una de sus esposas. En los monumentos egipcios en los que aparece Anat es llamada "la dama del cielo y la señora de los dioses".

Astarté o Ashtoreth: "la señora de los caballos"

Es una divinidad siria, diosa de la guerra, destructora y terrible, aunque también se la veneró como diosa de la Luna. Parece que su culto se introdujo en Egipto durante las campañas de Thotmes o Tutmosis III y su devoción debía estar bien arraigada pues en la época del faraón Amón-hepet III, en una carta que le remite el rey de Mitanni, Tushratta, le habla de "Isthar de Nínive, Dama del Mundo". En dicha misiva le indica que el culto a esta divinidad ha decaído, y le ruega que lo fomente y lo aumente "diez veces".

Su adoración fue particularmente importante en el delta y permaneció hasta la época del cristianismo, estando el distrito oriental de Tanis dedicado a esta divinidad. Tenía su templo en las orillas del lago Serboniano.

Astarté también se le tributó culto como diosa lunar, junto al dios de la Luna, Ah. Se le identificó como una de las advocaciones de Hathor, o como Isis-Hathor. Ramsés II le dio su nombre a uno de sus hijos varones: Mer-Astrot.

Su denominación como "dama de los caballos y los carros", demuestra que debió ser introducida en Egipto hacia el 1800 a.C., pues fue cuando se conocieron, a través de los semitas del desierto oriental, los carros y los caballos empleados como arma de guerra.

Astarté está representada con cabeza de leona, subida en una cuádriga de guerra, que conduce sobre los enemigos que yacen a sus pies.

El mito de las esposas de Set

Las diosas Anat y Astarté, consideradas como las "hijas extranjeras" de Ra, fueron adjudicadas a Set como dos de sus consortes, posiblemente como una adaptación más de estas divinidades foráneas al panteón egipcio. Después de que en su enfrentamiento con Horus Set resultara vencido, la sabia diosa Neit, aconsejó que, como premio de consolación, recibiera Set estas dos diosas. Así se cuenta el mito, aunque no nos ha llegado en su totalidad.

Paseaba un día Set por las orillas del Nilo, cuando vio bañándose a la diosa Anat. Como Set era de armas tomar, se transformó en carneo y la violó. Pero esta diosa sólo podía engendrar a través del fuego divino, por lo que su cuerpo expulsó el semen generador de Set, que salió disparado y vino a dar en la cabeza del dios que quedó malherido. Ra, que siempre había sentido cierta predilección por Set, envió a Isis para que, con sus artes curativas, le sanase la herida.

Otros fragmentos de este mito decían que los dioses principales se enfrentaron con Yamm, el dios del mar, y acabaron todos en desastrosas condiciones. Yamm, aprovechándose de su victoria, les exigió un tributo de oro, plata y lapislázuli, que le hicieron llegar las divinidades a través de la diosa Renenutet.

Pero, con todas estas riquezas en sus manos, el dios del mar pidió más, bajo la amenaza de esclavizar a todos los dioses. Renenutet se desesperaba ante las nuevas exigencias de Yamm, y sin saber qué hacer se dirigió a Astarté para solicitar su ayuda en esta situación tan comprometida.

Astarté era célebre por su belleza, pero también por su carácter fiero, y con la consideración debida, le pidió Renenutet que fuese ella la que llevase el tributo en cuestión al dios del mar. Aceptó Astarté, no de muy buen grado. Se transformó en pájaro y cuando estaba alcanzando la orilla del mar, su naturaleza violenta se apoderó de ella y empezó a burlarse del dios del mar. Sorpendentemente, Yamm no se enfadó, sino que quedó admirado, tanto de la osadía de la diosa como de su proverbial belleza, y exigió que la misma diosa formase parte del tributo. Ahora se presentaba un problema añadido y así se lo comunicó Renenutet a los dioses que deliberaron para ver qué podían hacer. La resolución final fue ceder a las exigencias de Yamm, y como dote entregaron a Astarté un hermoso collar de la diosa Nut y un anillo que pertenecía a Geb.

El único que no estaba conforme, lógicamente, era Set que no quería perder a su bella esposa, y hasta aquí todo lo que conocemos sobre este mito. Es de suponer que Set, luchador y astuto, bien por la fuerza o mediante a algún ardid, a los que era tan aficionado el malévolo dios, consiguiera arrebatarle al codicioso dios del mar la hermosa Astarté.

Qetesh o Qudshu: divinidad de la naturaleza y del amor

Su lugar de origen era Siria y se cree que allí representaba a una deidad relacionada con las fuerzas de la naturaleza fructífera, a la que se le tributan ritos orgiásticos. Cuando Egipto la adoptó, pasó a ser identificada con una de las formas de Hathor, como diosa del amor y la belleza y, también, de la Luna. No faltan mitógrafos que consideran que Qetesh no era más que una variedad de Astarté.

Generalmente se la representa de pie, completamente desnuda, llevando en su mano derecha un espejo y flores de loto y, con la izquierda, sujeta dos serpientes. En épocas tardías, la representación era la misma, pero en la cabeza lucía el turbante de la diosa Hathor, y también, en ocasiones, aparecía a lomos de un león. En inscripciones halladas, correspondientes a las dinastías XVIII y XIX, se le otorgan los títulos de "dama del cielo, la señora de todos los dioses, el ojo de Ra, quien no tiene nadie como ella".

Sus devotos la invocaban para conseguir los dones de la vida y gozar de una buena salud, así como para que después de la muerte, les otorgara un entierro digno en el oeste de Tebas, prueba de que su culto era practicado en la capital del país.

Reshpu: otro "señor de la guerra"

Este dios, sirio, como las divinidades anteriores, se le adoraba en Het-Reshp, en el delta y, en los monumentos de su país de origen, estaba considerado como uno de los dioses de la guerra. Su representación en Egipto era la de un guerrero con escudo y lanza en la izquierda y un garrote en la mano derecha. Sobre su frente lucía una gacela, símbolo, muy antiguo, de dominio sobre el desierto.

Los títulos que los egipcios otorgaron a Reshpu eran los de "el gran dios, el señor de la eternidad, el príncipe de la perdurabilidad, el señor de la fuerza doble entre la compañía de los dioses".

Este dios era también venerado por los fenicios, en Chipre y en Cartago y en algunas versiones se le considera la deidad del poder destructor, del poder devorador del fuego y dominador del relámpago.

Bes: la deidad africana

Tampoco es nada despreciable la influencia religiosa africana entre los egipcios. Parece que algunos objetos inanimados, piedras o árboles, se incorporaron a ciertas divinidades. Aunque casi todos los dioses que se añadieron al panteón adquirieron la figuración que los egipcios concedían a sus dioses, no fue así en el caso de las divinidades de origen africano, que fueron representados como seres deformes y monstruosos.

El más conocido de estos dioses fue Bes. Se le representaba como un enano con las piernas arqueadas y una gran barriga. La cara era barbuda y de su boca colgaba una larga lengua. La cabeza estaba tocada con una corona de plumas e iba envuelto con una piel de pantera cuya cola le colgaba en la parte posterior del cuerpo, llegando hasta el suelo. Es curioso que esta divinidad estaba siempre pintada de frente, en lugar de perfil como el resto de las figuras, divinas o humanas, que pintaban y tallaban los egipcios.

Este ser grotesco estaba asociado al nacimiento y parece que su representación más antigua se encuentra en el templo de la reina Hatshepsut, donde asiste a la llegada al mundo de esta reina. Aparece también las "casas de Nacimiento" de los templos egipcios, que eran los lugares donde se suponía que había nacido el faraón reinante.

Cuando el niño crecía, Bes estaba a su lado para divertirle y puede vérsele bailando y riendo con el pequeño. Por este motivo se le consideró, también, el rey de la danza, de la música, de la alegría y del placer. Su imagen decoraba muchos de los elementos que empleaban las mujeres en su acicalamiento, como espejos y cajas donde se guardaba el *kohl*. Se le otorgó ser el guardián del joven dios del Sol, y por lo tanto enemigo de las serpientes que tanto complican la vida al dios solar. Es frecuente verlo despedazando serpientes, con las manos o con los dientes. Con el tiempo, y por extraño que parezca, se asimiló a Horus y, desde entonces, llevaba los atributos de este dios.

En el mundo de las sombras, Bes experimentó un transformación brutal. Se convirtió en una divinidad vengadora, dotado de una gran daga con la que intentaba arrancar el corazón de los malvados. Pero, sin embargo, nunca dejó ser considerado como el más alegre y jovial compañero del género humano.

Su culto se mantuvo durante mucho tiempo, desde el Imperio Antiguo, hasta la época de la conquista romana, en la que fue muy visitado su oráculo en Abydos. En el arte alejandrino, helénico y fenicio, aparecen numerosas representaciones de esta extraña divinidad.

LOS ANIMALES SAGRADOS

Para los egipcios era inconcebible una idea abstracta de un dios y debido a su necesidad de sentir a las divinidades a su alrededor, les infundieron un cuerpo real que, a menudo, encarnaban en un animal. Estos animales eran, generalmente, aquellos a los que se temían por su fuerza, o que representaban la fertilidad. El simbolismo religioso egipcio se expresó así, mediante unos animales determinados a los que les confirió un carácter sagrado, como dioses que vivían en esos cuerpos.

El dios de los muertos, por ejemplo, era un chacal, el dios del agua se representaba como un cocodrilo, el cielo era una vaca, el Sol un halcón y la Luna un ibis. Asimismo, el toro y la vaca, esta última imagen de la fertilidad, eran adorados como dioses agrícolas y el carnero, poseedor de una gran fuerza reproductora, representaba la naturaleza que nace y se renueva.

La veneración por estos animales les llevaba a proceder con ellos de una manera que sorprendía a los autores clásicos, griegos y romanos que no alcanzaban a comprender cómo, cuando morían, sus propietarios les hacían un auténtico duelo y les enterraban como si de un familiar se tratase. O cómo podía considerarse afortunado aquel que moría devorado por un cocodrilo.

Lo cierto es que, desde los tiempos más antiguos de Egipto, y a través de los milenios se mantuvo esta adoración, sin apenas modificaciones.

Apis: el toro sagrado

La fuerza y virilidad estaban encarnados en el toro, así como la valentía y el poder en la batalla. Venerado desde las etapas predinásticas, parece que su culto cobró importancia a partir de Menes, considerado el primer faraón egipcio.

Como no podía ser de otra manera, mucho de lo que conocemos sobre Apis, nos ha llegado por los escritos de Heródoto: "Es el becerro de la vaca que no puede dar a luz a otra progenie. Los egipcios dicen que, sobre esta vaca caen relámpagos del cielo y entonces engendra a Apis. Este toro es negro, con un punto cuadrado y blanco en la frente, y en la grupa tiene la figura de un águila. La cola es de pelos dobles y en la lengua lleva un escarabajo".

Diodoro relata así cómo se encontraba a este toro sagrado y cómo se le trataba a su muerte, su funeral de una previa encarnación del dios Osiris. "Después de haber terminado el funeral de Apis, que es espléndido en todos los sentidos, los sacerdotes dedicados a su culto buscan a otro becerro que tenga las mismas características del anterior. Cuando lo encuentran, acaban las manifestaciones de luto por el toro muerto, y pasean al joven buey por la ciudad del Nilo y lo alimentan durante cuarenta días. Lo suben a una barca en la que hay una cabina dorada y lo transportan como un dios hasta Menfis. Durante los primeros cuarenta días sólo pueden verlo las mujeres, que danzan desnudas ante él. Después de este tiempo, ya no pueden exhibirse ante el nuevo dios. Se adora a este animal porque dicen que el alma de Osiris transmigró al cuerpo de un buey, y hasta el presente, el espíritu de Osiris se fusiona con el de un buey, tras otro. Otros dicen que se debe su culto a que Isis guardó los miembros de Osiris, asesinado por Set, dentro de un buey de madera y lo cubrió con pieles de toro, y desde este momento la ciudad se llamó Bubastis".

Se honraba, tambien, a la madre del buey Apis y se le daban unos aposentos al lado de los de su hijo. Comía Apis los alimentos mejores, y tenía cómodos lechos para que descansase. Hasta se cuidaba de que el agua para beber fuese de un pozo especial que había en Menfis, pues la del Nilo no se consideraba suficientemente buena para el dios buey. Apis vivía encerrado pero, en ocasiones especiales, se le mostraba y un grupo de niños le acompañaban en procesión, cantando a su lado. También se le ofrecían vacas cuidadosamente seleccionadas, que eran atendidas por sacerdotes dedicados a cuidarlas.

El cumpleaños de Apis se celebraba con grandes muestras de alegría, durante siete días y se creía que, durante este espacio de tiempo, los hombres no eran atacados por los cocodrilos.

Existía un oráculo de Apis, consultado por personalidades de la importancia de Alejandro Magno o el romano Germánico. Se hallaba en el templo del dios Ptah, donde se reverenciaba a este toro, al que los farones tributan como ofrendas numerosos botines de guerra y grandes tesoros. Las profecías o las respuestas de este oráculo se interpretaban a través de los actos y acciones que realizaba Apis. Cuando lamió las ropas de del astrónomo Eudosio de Cnido, se interpretó que su muerte estaba cercana. Algo similar le sucedió a Germánico, cuando el buey se negó a comer de su mano y emitió un profundo mugido. Le anunció su muerte y la conquista de Augusto.

Había quien dormía en el templo y al día siguiente, explicaba sus sueños a los intérpretes sagrados que los analizaban y daban la explicación al sueño de los consultantes. En otras ocasiones, aunque las preguntas se formulaban al mismo toro, las respuestas se recibían de los niños que jugaban frente al templo. También durante la procesión de Apis se prodigaban las profecías. Los jóvenes que acompaaban al toro, cantando himnos en su honor, en un momento dado, se sentían poseídos por el espíritu sagrado del animal y empezaban a profetizar.

Se hacían sacrificios a Apis, consistentes en otros toros, elegidos con sumo cuidado, que se decapitaban en su honor. No sabemos si sería del agrado del dios ver cómo morían sus congéneres, pero así se interpretaba. La cabeza del animal sacrificado se arrojaba al Nilo, con un ritual en el que se decía que si era inminente algún mal o algún peligro que pudiera caer sobre Egipto o sobre los que realizaban el sacrificio, que se dirigiera sobre esta cabeza.

Aunque algunos mitógrafos apuntan que después de un cierto tiempo, Apis era sacrificado y sustituido por otro buey, lo más probable es que cada uno de los dioses toro muriera de forma natural. Después de su fallecimiento, se le embalsamaba y se le enterraba, mientras se guardaba un luto general.

En 1851 el gran arqueólogo francés Mariette descubrió el Serapeum, de Menfis, el templo funerario donde eran enterrados estos toros sagrados. En unos inmensos sarcófagos, algunos de los cuales pesan unas cincuenta y ocho toneladas, se descubrieron restos de estos animales. Estos enterramientos pueden datarse hacia 1500. a.C, durante la XVIII Dinastía. Las capillas del Serapeum eran lugares de peregrinaje, y en ellas se han encontrado estatuillas y estelas votivas que depositaban allí los fieles, a manera de exvotos, para que se cumpliesen sus diversas peticiones.

Con su muerte, el buey Apis alcanzaba todo su poder, ya que su alma se unía a la del poderoso Osiris, y así se creó un dios, Osiris-Apis, que los griegos fundieron en uno solo, *Serapis*. Esta divinidad los griegos la asociaron con su dios Hades, pues ambos tenían su reino en el mundo subterráneo. Tanto en Egipto como en Grecia, Serapis fue considerado como el compañero de Isis y su culto se extendió, principalmente con los romanos, hasta los últimos confines del Imperio.

En Heliópolis se veneraba otro toro, Mnevis, que simbolizaba al Sol y a su poder generador de vida. Y parece que, en la II Dinastía, sucedió lo propio con un carnero, el *Carnero de Mendes*.

Este culto se propagó por numerosas ciudades pertenecientes al Delta del Nilo, como Hermópolis, Licópolis y Mendes, siendo esta última el lugar donde se le tributaban mayores honores. En un principio pudo ser una divinidad local, pero a medida que la ciudad creció en impartancia y riqueza, también lo hizo su deidad, que llegó a contar con una casta sacerdotal, consideraba una de las más florecientes de todo Egipto. Primero se identificó con Osiris, después con Ra y después con el gran dios carnero de la isla Elefantina, Khnemu o Jnum.

El animal en el que se creía que se había reencarnado el espíritu del dios, al igual que con el toro Apis, era elegido entre otros muchos de su especie, según una serie de características fisicas determinadas, que podían ser desde su color de pelo hasta otras marcas distintivas. Se le entronizaba con gran solemnidad y, a su muerte, se le enterraba después de un gran funeral público.

El Cocodrilo

Sin duda, en el temor ante los ataques de este animal, muy abundante en las aguas del Nilo, podría estar el origen de la veneración hacia este saurio. Se le consideraba un dios temible, capaz de acciones malvadas, pues, en épocas de sequía o en la estación árida, los cocodrilos se internaban en tierra firme y devoraban todo cuanto les salía al paso.

Cuando fue divinizado, se le otorgó caracteres más benévolos, pero siempre prevaleció su lado cruel, su lado oscuro. Si se le considera una deidad bondadosa, se le asocia con Ra y con Osiris, con el que, a lo largo de su leyenda, mantendrá relaciones tanto de amistad como de odio. Se decía que un cocodrilo llevó sobre sus lomos el cuerpo de Osiris desde las aguas del Nilo hasta tierra segura y que otro protegió a Horus, colocado por Isis en un cesto trenzado con papiros, de los ataques del perverso Sobek, identificado por el dios Set, asesino de Osiris. En el *Libro de los Muertos*, cuatro amenazantes cocodrilos se cernían sobre las almas de los difuntos, y tanto ellos como los vivos buscaban protegerse de esta divinidad horrible y poderosa, mediante conjuros mágicos.

Pero la deidad Sobek era clemente con los difuntos, pues según los *Textos de las Pirámides* era el encargado de devolver la vista a los muertos, el que despertaba sus facultades aletargadas por el sueño eterno y les guiaba en esta nueva vida desconocida para ellos. También les ayudará a derrotar a Set, el ser malvado que amenaza a los buenos de corazón que confían en Osiris. Siendo múltiples las personalidades de Sobek, incluso a veces contradictorias, lo podremos encontrar participando de los cultos y ritos del resto de dioses del panteón egipcio.

Sin embargo, no siempre ni en todos los lugares del país, el cocodrilo era tan reverenciado. Mientras que durante el Imperio Antiguo la caza del cocodrilo era el deporte preferido de las clases altas y de la realeza, en otras épocas se le confirió el estatus divino y se le consideró el protector de Egipto. Gracias a él, los ladrones africanos y árabes no cruzaban el Nilo para saquear el país.

Heródoto habla de las muchas historias fabulosas que se contaban sobre estos animales, algunas de las cuales ponían en evidencia su sabiduría. Eran sagrados en Tebas y el lago Moeris, y una vez domesticados, los devotos les ofrendaban joyas y las mejores comidas. Era frecuente verlos con valiosas pulseras sobre sus patas, y a su muerte el cuerpo embalsamado del cocodrilo se enterraba en los subterráneos del templo, un lugar considerado tan sagrado que los extranjeros no tenían acceso a él.

Se le veneraba en Fayum y en Kom Ombo, donde todavía hoy pueden contemplarse miles de cocodrilos momificados. En sus templos solía haber una piscina en la que vivía uno o varios cocodrilos sagrados, cuidados con esmero, recibiendo las ofrendas y los alimentos de sus fieles y viviendo a "cuerpo de dios" más que a cuerpo de rey.

Strabo, que durante la época de Augusto recorrió Egipto, cuenta cómo su anfitrión, una persona distinguida de la ciudad, les llevó a ver el cocodrilo sagrado. Según él, vivía en un lago y era bueno con los sacerdotes que le atendían. Le llevaron como ofrenda un pastel de carne y un recipiente con leche y miel. Los sacerdotes se acercaron al animal y le abrieron la boca, poniéndole el pastel y vertiéndole la leche y miel. El animal se lo comió y satisfecho, se echó al lago hasta que llegó a la otra orilla. Cuando se presentó otro oferente con algo parecido, los sacerdotes se desplazaron allí donde estaba el cocodrilo y procedieron de la misma forma.

También Sobek tenía su oráculo y se dice que pronosticó la muerte de uno de los Ptolomeo, cuando el cocodrilo se negó a escuchar al rey y a obedecer a los sacerdotes.

Su representación era la de un hombre con la cabeza de cocodrilo, en la que lleva unos cuernos con el disco solar en su interior y las plumas de Amón.

El León

En todas las civilizaciones y culturas, el león simboliza la fuerza y el valor. Desde la época dinástica era objeto de veneración en Egipto, identificado a divinidades protectoras o benéficas, principalmente las solares, como el dios del Sol Horus, o Ra. Su principal centro de veneración era la ciudad de Leontopolis, en la parte norte del Delta. Allí, a los leones sagrados se les alimentaba con animales sacrificados y, a veces, se les soltaba un becerro vivo para que lo cazasen dentro de su jaula. Mientras se alimentaban, los sacerdotes de su culto cantaban y salmodiaban en su honor. Además de en Leontópolis, existían leones sagrados en muchos lugares de Egipto, como en el templo de Heliópolis.

El león tenía un marcado carácter protector. El antiguo dios de los leones, Aker, vigilaba la puerta del amanecer por la que el Sol pasaba cada mañana para impartir su luz. La idea de que el Sol transitaba por un pasillo oscuro, dentro de la tierra que ocultaba su luz, provocando así la noche, necesitaba de la existencia de dos leones, Sef y Dua, es decir "Ayer" y " Mañana", que custodiaban las puertas de salida. De ahí derivó la costumbre de colocar dos leones en las puertas de los palacios y de los enterramientos para librar a vivos y muertos, de todo mal.

Estas estatuas solían tener cuerpo de león y cabeza de hombre, y se las conoce como "esfinges", que es el nombre griego que designa a estas creaciones. La más famosa y bella de todas estas "esfinges" es la Gizeh o Guiza, símbolo del dios Ra, levantada como su residencia, cara al Sol naciente para que pudiera proteger a los muertos que descansan en las tumbas que rodean a esta esfinge.

Eran bastante frecuentes los dioses o diosas que tenían cabeza de león, y personificaban el poder destructor. También deidades leoninas actuaban en el mundo de las sombras, que vigilaban los largos pasillos del reino subterráneo. Sin duda los leones estaban relacionados con los muertos, pues la cabeza del féretro solía tener la forma de la cabeza de este animal y el extremo estaba decorado con la cola de un león.

Pero mientras en Egipto los leones eran sagrados, no sucedía lo mismo con los leones de otros países que los faraones no dudaban en cazar. Amón-hetep III, tenía a gala, haber matado con su arco a ciento dos leones. Ramsés II y Ramsés III tenían, a modo de mascota, un león domesticado que llevaban con ellos a las batallas y que atacaba a los enemigos del faraón.

El Gato

Adorado, respetado y querido, el gato era la encarnación de la diosa Bastet. Aparece a lo largo de toda la mitología egipcia y es una divinidad de naturaleza benévola.

En el *Libro de los Muertos*, un gato es el que corta la cabeza a la serpiente de la oscuridad y colabora a la destrucción de los enemigos de Osiris. La veneración a este animal se hizo especialmente importante a partir de la XXII Dinastía, y se les alimentaba con pan, leche y trozos de pescado. Al morir se les embalsamaba y se les envolvía con sábanas de lino, entre especias y perfumes.

El que mataba a un gato, era condenado a muerte, y un romano que cometió semejante temeridad, fue perseguido por el pueblo encolerizado, que acabó con él. Las familias que perdían a su gato, le llevaban luto, y lamentaban su muerte entre grandes muestras de dolor, y a ser posible, se les llevaba a enterrar a la ciudad sagrada de los gatos, Bubastis.

El Perro

Era un animal muy estimado, pero nunca se le consideró una encarnación divina. Sin embargo, el dios Anubis, representado con cabeza de chacal, pudiera ser que, primitivamente, tuviera la cabeza de un perro. Tal vez el hecho de que los chacales vivían en los desiertos, y las montañas eran lugares preferentes para los enterramientos, le asoció con el mundo de los muertos y se dotó, al dios de la momificación y guía de los difuntos, con la cabeza de este animal.

A los perros se les honraba, de manera especial, en la ciudad de Cynópolis y a los lobos, en Lycópolis. También la muerte de un perro era motivo de gran dolor para sus propietarios, de manera que se rapaban el cuerpo entero, incluida la cabeza, en señal de luto.

El Hipopótamo

Como en el caso de cocodrilo, puede ser que el temor desembocase en la veneración de este animal. La diosa de los hipopótamos era Tahurt o Taweret, y se le otorgó características de benevolencia y protección, y se asimiló a casi todas las diosas del panteón egipcio.

Pero el poder destructor del hipopótamo no quedó por completo borrado en esta diosa, pues la vemos asistir a la Escena del Juicio. En esta escena se encuentra, también, el mono con cabeza de perro, sentado y observando el fiel de la balanza e informando a Thot del resultado del pesaje de las almas. Este extraño animal era muy reverenciado en Egipto, al igual que los monos, que vivían en muchos templos, especialmente en aquellos dedicados al culto de las divinidades lunares.

El Ibis

De todas las aves sagradas de los egipcios, el ibis era la más adorada. Estaba asociada a la Luna, pero sobre todo al dios Thot. Desde muy antiguo tenía su centro de culto en la ciudad de Hermópolis. En recientes excavaciones arqueológicas, en la tumba del tesorero real de la reina Hatshepsut, llamado Djehuty, se han encontrado centenares de ibis momificados, uno de ellos con las alas desplegadas. El nombre de Djehuty significa "que pertenece a Thot", y es evidente que las aves sagradas del dios acompañaron a su devoto en su viaje más allá de la vida. En el-Gebel se halló una necrópolis de ibis con cuatro millones de ibis momificados.

Otro pájaro muy venerado era el *bennu*, una especie de garza real, que dio origen al mito del ave fénix, que renacía constantemente, de sus cenizas.

Según este mito, propio de Heliópolis, el Sol apareció por primera vez, bajo la forma de un ave sagrada, el *benu*. En algunas fuentes esta ave aparece como una manifestación del dios primigenio Atum, o se asocia con el *beben*, la piedra sagrada que representaba el montículo del que surgió la vida.

Al *benu* se le relacionaba con el *ished*, un árbol sagrado, con simbolismo solar, que el Gran Gato de Heliópolis protegía de la malvada serpiente Apofis.

En los *Textos de las Pirámides*, esta ave sagrada parece bajo la forma del pájaro lavandera, de color amarillo, manifestación del Sol de Heliópolis. Su nombre sería algo así como "La que sale en medio del resplandor", aunque en el *Libro de los Muertos* se la representa ya como una garza real. Tanto bajo una u otra forma, es la imagen de la vuelta a la vida y simboliza la buena suerte.

Como garza, sobrevolaba las aguas del caos, rompiendo aquel silencio absoluto, anterior a la creación, con algún graznido, y de uno de ellos, se produjo el cataclismo que puso en marcha el proceso de la vida, determinando "qué ha de ser (o existir) y qué no ha de ser (o no existir)". Tiene que ver este mito con lo que dice que Amón, bajo la apariencia de un ganso, vuela sobre las aguas de Nun, y provoca un proceso similar. Cuando la garza se posó sobre el montículo primigenio, puso un huevo del que salió el Sol, cuando eclosionó.

Según Heródoto, el ave fénix, recubierta de plumas rojas y doradas, parecida a un águila, vivía en tierras de la península de Arabia y era única en el mundo. No existía otra igual. Al morir, sus restos fueron llevados al templo del Sol, en Heliópolis. En un mito griego cuyo punto de partida parece tomado del *benu,* el ave fénix se prendió fuego ella misma, pero volvió a renacer de entre sus propias cenizas.

El Halcón y otras aves sagradas

El pájaro del Sol era el halcón, ave sagrada venerada en todo Egipto desde la época predinástica, y atribuida a la encarnaciones de los dioses Horus, Ra y Osiris. Cuando el halcón tenía el cuerpo de esta ave y cabeza humana, era la personificación del alma del hombre, que compartía, también, con la garza real y la golondrina, en las que los antiguos egipcios creían que podía reencarnarse el alma de los difuntos.

Isis tenía como animal sagrado al ganso, aunque fue bajo la forma de golondrina como la diosa lloró la pérdida de su amado esposo Osiris. El ganso, en una de sus variedades, estaba dedicado a Amón-Ra. El buitre era el símbolo de las diosas Nekhebet y Mut.

El Escarabajo sagrado

La naturaleza solía servir de inspiración a los egipcios para sus mitos y creencias religiosas y en el caso del escarabajo pelotero veían la encarnación de Jepri, el Sol de amanecer. Esta encarnación debía estar determinada por la forma de vida y reproducción de este insecto que deposita sus huevos en una pelota de excrementos. Una vez realizada la puesta, lleva la pelota hasta su nido, donde, perfectamente resguardados de todo peligro, estos huevos se incuban gracias al calor del sol. La observación de esta actividad fascinó a los antiguos egipcios que vieron en ella una réplica del viaje que el Sol realizaba a diario, por el cielo diurno y por el *duat*.

Además, del huevo que se incuba en el interior de cada pequeña pelota, nacía una larva, lo que llevó a la creencia de que el escarabajo se creaba a sí mismo, como los dioses primegenios. Por si esto fuera poco, la simbología del escarabajo se reforzaba con el primer vuelo de esta larva, ya que según los egipcios venía a representar la salida del Sol por el horizonte. Así lo dice el *Libro de los Muertos*: "He ascendido como los primigenios, me he convertido en Jepri...".

El escarabajo pelotero se confirmaba, de esta manera, como la representación de la vuelta del adorado Sol y del mismo faraón tras su fallecimiento. Por eso a Jepri se le solía representar como un escarabajo navegando en una barca por encima de las aguas primordiales, y también como una figura humana con cabeza de escarabajo.

A partir del Imperio Medio, hacia el 1980 a.C., los escarabeos gozaron de una enorme popularidad y se convirtieron en un amuleto poderoso. Se fabricaban en muchos materiales, desde los más preciosos y a los más sencillos, especialmente los había en piedra y en cerámiia esmaltada. Los faraones, a menudo, los emplearon como sellos reales y, ya en el Imperio Nuevo, en su parte inferior se grababan textos referidos a los sucesos importantes acaecidos durante el reino. Eran como una especie de exvotos conmemorativos.

Pero, sin duda, su papel más destacado lo desempeñaban como protectores de los difuntos. Formaban parte de los ajuares funerarios y se colocaban entre las vendas que envolvían el cuerpo del muerto y se ponían encima del corazón, el órgano más importante del cuerpo y del alma, pues de él dependía el conseguir la vida eterna.

ÁRBOLES Y PLANTAS SAGRADAS

No parece que existieran muchos árboles a los que se rindiera veneración. Egipto no posee arboledas ni variedad de árboles, aunque sí parece que algún ejemplar recibió honores divinos. Entre ellos se citan el árbol sagrado que creció en la

Gran Sala de Heliópolis, en el lugar donde se decía que el Gran Gato Solar mató a la serpiente Apofis y del que, según la leyenda, surgió el Ave Fénix. A las hojas de este árbol se le atribuían poderes mágicos y parece que era inmortal, pues el dios Thot o la diosa Safekht, escribieron en ellas, el nombre de los faraones.

Otro árbol considerado sagrado era el tamarisco, pues envolvió con su tronco, el cofre que contenía los restos del dios Osiris.

El sicomoro se encontraba, además de en la tierra egipcia, en el mundo de los muertos. La diosa Hathor, emergía del centro de este árbol y ofrecía alimentos y agua a las almas que peregrinaban en este viaje hacia la eternidad. A veces, la diosa ayuda a estos viajeros desde una palmera, y tal vez se trate de la hoja de una palmera, rodeada de cuernos invertidos, el símbolo de la diosa Safekht. En algunas pinturas el sicomoro está representado con campesinos postrados ante él, en actitud de adoración, mientras le hacen ofrendas de frutas y jarras de agua. Siempre fue sagrado para Nut y Hathor, y se creía que los *dobles* de estas diosas vivían en este árbol. En ocasiones a Hathor se llama la "Dama del Sicomoro".

En cuanto a las flores y plantas, sólo el loto era sagrado y aparece representado en toda la iconografía egipcia. Se decía que de la flor del loto surgió el niño Horus, que es el símbolo de la resurrección cuando Nefertem, coronado con estas flores, concede la vida eterna en el mundo de los muertos. Muchas flores de lotos eran llevadas, como ofrenda, a los altares de las deidades egipcias.

DIVINIDADES MENORES

El panteón egipcio tenía centenares de divinidades menores. Tantas eran que sólo vamos a citar algunas de las más conocidas. Cada hora del día tenía su divinidad y lo mismo sucedía con las horas nocturnas. También los días del mes gozaban de sus dioses tutelares.

Los cuatro vientos tenían su representación, al igual que sucedía en el panteón griego. El viento del Norte se llamaba Qebui, y tenía la forma de un carnero alado con cuatro cabezas; el viento del Sur, se llamaba Shehbui y se le representaba por un hombre con cabeza de león y el viento del Oeste, Huzayui, tenía la cabeza de una serpiente en el cuerpo de un hombre alado. El viento del Este, Henkhuisesui, en ocasiones tenía forma antropomórfica, con cabeza de carnero, aunque también se le representaba como un escarabajo alado con la cabeza de un carnero.

Los sentidos humanos, asimismo, estaban representados por deidades. Saa era el dios del tacto. Se le representaba en forma humana y en la cabeza llevaba un signo compuesto de líneas paralelas en sentido de mayor a menor. Cuanto más se elevaban, se hacían más pequeñas. A Saa se le encuentra, en ocasiones, navegando en la barca de Ra, en compañía de Thot y de otros dioses. Parece que era hijo de Geb. Personifica la inteligencia, humana y divina.

El dios del gusto era Hu. También tenía forma de hombre o, a veces, forma de gota de sangre. Se le personificaba en algunos alimentos destinados a los dioses y a los bienaventurados.

Maa era el dios de la vista. Su forma era la de un hombre con un ojo sobre la cabeza, que además, venía a significar el nombre con el que se le designaba.

Satem era el dios del oído, y sobre la cabeza, como es lógico, llevaba una oreja.

Los planetas estaban deificados. Saturno se llamaba Horus, el toro del paraíso. Marte también se identificaba con Horus, bajo el nombre de "Horus rojo"; el dios de Mercurio era Set, y el de Venus, Osiris.

HOMBRES QUE ERAN DIOSES: LOS FARAONES

A los soberanos egipcios se les veneraba también como dioses, encarnaciones de Ra y de sus epifanías solares. Se suponía que el dios supremo había sido el primer rey y su hijo, el primer faraón.

El faraón encarnaba en su persona la *ma´at´*, que puede traducirse por la "verdad", pero cuyo significado general de "recto orden" y en consecuencia "derecho y justicia". Del faraón se dice que "es el que conoce la verdad, y a quien dios instruye". La obra del faraón segura la estabilidad del cosmos y del Estado, y como consecuencia, asegura, también, la continuidad de la vida. Una vida que se renovaba, a diario, cuando aparecía el Sol, después de su viaje nocturno en el que derrotaba a la perversa serpiente Apofis. Cuando las fronteras de Egipto se vean amenazadas por los enemigos serán asimilados a Apofis y el triunfo del faraón reproducirá la victoria de Ra.

El faraón era, sin ningún tipo de discusión, el único protagonista de los acontecimientos históricos: campañas militares sobre los países vecinos, victorias sobre distintos pueblos, aniquilación de los invasores, etc. Pero, siempre hubo faraones ansiosos de gloria divina que fuera superior a la que, personalmente, acumularon en su vida terrenal. Cuando Ramsés III hizo construir su tumba, reprodujo sobre sus muros los nombres de las ciudades conquistadas que se hallaban inscritas sobre las paredes del templo mortuorio de Ramsés II. Incluso en la época del Imperio Antiguo, los libios que "aparecen como las víctimas de las conquistas de Pepi II, llevan los mismos nombres individuales que los que figuran en los relieves del templo de Sahure dos siglos antes".

En su relación directa con la divinidad, el culto debía ser celebrado por el rey, que delegó esta función en los sumos sacerdotes. Los ritos tenían la finalidad de defender la estabilidad de la "creación original", y cada Año Nuevo se reiteraba la cosmogonía.

La entronización de un faraón reproducía la *gesta* del primer rey divino, Menes: la unificación del Alto y del Bajo Egipto, o sea, la creación del Estado. La ceremonia de la consagración se repetía a los treinta años de la entronización del faraón, en la llamada fiesta de *Sed*, y su misión era la de renovar la energía divina del faraón.

En su condición de dios, el faraón tenía un poder absoluto, e indiscutible sobre la Tierra, lo cual no era óbice para que siempre hubiera descontentos y conspiradores contra él. Son muy pocos los casos de regicidio o de usurpaciones del trono en el antiguo Egipto por considerarse que podían alterar ese orden universal que representaba el faraón, pero, como en toda corte humana, menudeaban las traiciones. Y algo de este sentimiento de escepticismo y de desconfianza faraónica, con respecto a los que le rodeaban, podemos encontrarlo en el que está considerado como el testamento político de Amenemhet I:" Ten cuidado con aquellos que no son nadie, pues sus conspiraciones pasan desapercibidas. No te fíes ni de tu hermano y no tengas amigos; no intimes con nadie, pues no merece la pena. Cuando te acuestes, guarda tu corazón contigo, pues nadie tiene con quien consolarse en los momentos de aflicción. Di limosna al pobre, ayudé al huérfano, di tantas posibilidades al pobre como al rico, pero aquel que comió mi comida, acabó tramando algo contra mí, aquel en quien deposité mi confianza, la utilizó en mi contra".

Una inscripción hallada en Tebas nos puede dar una idea de hasta qué punto el faraón era un dios, entre los dioses: "Ra fue coronado rey del mundo de los vivos para toda la eternidad, para juzgar a la humanidad y poner paz entre las divinidades, para imponer la rectitud y eliminar la injusticia de la Tierra. Hace ofrendas a los dioses y ofrendas a los muertos, el nombre del rey está en el cielo, como el de Ra, vive en la alegría, como Ra-Haractes".

La condición divina del faraón originaba que, cada uno de ellos, tuviese su propia mitología. Durante todo su reinado era tratado más como un dios que como un hombre, y a su muerte, ascendía al cielo y se le rendía culto. Pero resulta difícil conocer la verdad histórica de muchos de estos reyes, pues los textos sobre ellos están llenos de autobombo y de la lógica adulación real de los cortesanos. Hacia el año 2000 a.C., un escriba real nos dice:"El faraón, soberano de todos los cortesanos, no puede ser necio. En el momento de salir del vientre materno ya era sabio, y dios lo ha escogido a él antes que a un millón de hombres más".

Con estas premisas, era evidente que el faraón no participaba en ninguna campaña o expedición militar en la que el éxito no estuviera asegurado. Las escenas plasmadas en los relieves de templos y palacios, y que apenas experimentaron algún tipo de variación a lo largo de tres mil años, muestran al faraón siempre triunfante. A sus pies, los enemigos vencidos, mientras el rey egipcio, en actitud hierática, levanta la maza real para golpearlos. También aparecen grupos de prisioneros atados y los que ya han sido ajusticiados.

En muchas ocasiones, estos monumentos victoriosos eran puras idealizaciones de los sucesos acaecidos en la realidad. En el templo funerario de Ramsés III, se representan escenas de una batalla mantenida con los pelestas, uno de los "pueblos del mar" que provenían del Egeo y, que sobre el año 1186 a.C., pusieron en peligro la paz en el Mediterráneo. La versión oficial egipcia decía que las tropas enemigas fueron vencidas por mar y por tierra, de manera sumamente fácil, mientras el faraón se empleaba a fondo en darles su castigo, quedando los enemigos "reducidos a cenizas". Pero las "cenizas" no debieron de ser tantas, pues según otras fuentes, en el reinado de este mismo faraón, gentes de estos pueblos extranjeros obtuvieron permiso de Ramsés para establecerse en las tierras en las que se diera la famosa batalla.

Otro ejemplo contradictorio de ganancias y pérdidas militares lo encontramos en el reinado de Ramsés II, "el Grande". Pasó muchos años luchando con los hititas, en el norte de Anatolia y el norte de Siria. Era una época en la que Egipto controlaba extensas zonas en Palestina y el sur del Líbano. En 1275 a.C., Ramsés envió una gran expedición de guerra, más allá de Gaza, contra la ciudad hitita de Qadesh. La vanguardia del ejército egipcio, mandada por el mismo faraón, no había llegado todavía a sitiar la ciudad, cuando la retaguardia cayó bajo una emboscada del rey hitita, Muwatallis. Cuando Ramsés recibió la noticia, retrocedió e intentó detener el avance enemigo hasta que llegasen los refuerzos. La batalla quedó en tablas, y el ejército egipcio, notablemente mermado, regresó sin tomar la ciudad.

Pero la visión de Ramsés fue muy otra, y en los muros de cinco de sus templos: Abydo, Luxor, Karnak, Abu Simbel y en el Rameseum, aparece una gran victoria. La descripción de la misma pasó a convertirse en un ejercicio de escritura para los escolares y escribas. La historia oficial presentaba al faraón rodeado por dos mil quinientos carros de guerra hititas, pero con la ayuda de Amón, su padre, fueron todos desbaratados de manera milagrosa.

Al final, debido a una serie de guerras internas que padecieron los hititas, y a que el territorio estaba demasiado lejos para poder ser dominado con eficacia por Egipto, se hizo la paz, entre Ramsés II y el nuevo emperador hitita, Hattusilis III.

Este tratado de paz nos ha llegado en dos versiones: la egipcia y la hitita, y en cada una de ellas, se detalla la humillante petición de paz de una u otra parte. Una copia se conserva en la sede de las Naciones Unidas, ya que se considera el primer acuerdo de paz del que se tiene constancia. Ramsés se casó con una hija de rey hitita para consolidar las buenas disposiciones entre ambos países, y once años después de esta primera boda con una princesa hitita, lo hizo con otra de las hijas de Hattusilis III.

Así pues, entre la descendencia divina, el poder terrenal y las gestas propiciadas por los mismos dioses, los faraones gozaron de un poder sobre cuerpos y almas sin igual a lo largo de la historia de la humanidad.

El mito de Tutmosis

Ya hemos comentado que cada faraón originaba su propia mitología, y quizás uno de los mitos más conocidos, creado para realzar la divinidad del faraón, sea el de Tutmosis IV.

Se encontraba este futuro faraón, cuando sólo era uno de los príncipes menores de su casa, cazando en el desierto próximo a Guiza. Sus posibilidades de acceder al trono de Egipto eran muy remotas, pues le precedían varios hermanos mayores, todos varones.

Caía un sol ardiente y al mediodía, el joven príncipe, agobiado por el calor, decidió tomarse un descanso. Se encontraba cerca de la gran Esfinge, de la que, por aquel entonces, sólo se veía la cabeza, pues los vientos del desierto habían ido acumulando arena, hasta casi hacerla desaparecer. Tutmosis se sentó a su sombra y, agotado, se durmió.

Y tuvo un sueño, un sueño premonitorio de lo que le iba a suceder en la vida. La Esfinge cobró vida y le habló: "soy el dios del Sol y de tu padre. Escucha con atención y sabrás cómo has de convertirte en el señor de todo Egipto". Para conseguirlo sólo tenía que cumplir una condición que le solicitaba la Esfinge: retirar toda la arena que los siglos habían depositado a su alrededor.

Al despertar, corrió hacia Menfis para buscar a la gente necesaria y quitar la arena, y así se hizo. Fiel a su promesa, la Esfinge parece que influyó en el ánimo del padre de Tutmosis que le eligió a él como sucesor, por encima de sus hermanos mayores. Tutmosis reinó durante diez años como faraón y durante todo este tiempo, rindió culto a la Esfinge.

Este suceso se halla inscrito en una estela de granito que se encuentra en las garras delanteras de la antiquísima

Esfinge, uno de los monumentos más impresionantes del Egipto faraónico.

Hatshepsut: la historia divina de una faraona

Se podría decir que fue la única mujer que, de manera oficial, se sentó en trono de Egipto. En un mundo de dioses-reyes, todos varones, el caso de esta faraona, bien puede considerarse una auténtica rareza, e incluso podemos preguntarnos cómo alcanzó la realeza cuando podía representar la alteración del orden, del *ma'at*, que tan estimado era por los egipcios. Por si acaso, Hatshepsut, adoptó los atributos de un faraón masculino y se hizo representar con barba.

Era hija de Tutmosis I y se casó con Tutmosis II. Al morir este faraón, el trono pasó al hijastro de Hatshepsut, pero debido a la corta edad del heredero, ella se sentó en el trono como regente. Parece que le gustó el poder y, a los dos años de empezar a gobernar como regente, se autoproclamó rey, pero así, en masculino, no reina, como hubiera sido lo lógico. Era una auténtica osadía por parte de una mujer, por lo que no tardó en elaborar toda una filiación divina para demostrar a sus súbditos, que ella era tan diosa, como los faraones hombres eran dioses, descendientes del mismo Ra.

En una inscripicón que se conserva en el templo de esta reina, en Deir el-Bahri, uno de los más bellos y originales de todo Egipto, Amón-Ra, después de convocar a las divinidades menores, les dijo: "Crearé a una reina que gobernará sobre Egipto". En compañía de Thot, el dios mensajero, Amón partió hacia el palacio de Tutmosis I. Tomó su apariencia y se acostó con su esposa, la reina Ahmosis. Ella "disfrutó de su virilidad" y el "palacio se inundó de olor a oro".

Otra versión dice que el dios le confirmó a Ahmosis después de yacer con ella:" En verdad te digo que la criatura que he engendrado en tu seno, se llamará Hatshepsut, pues esto es lo que tú has exclamado". La futura faraona habría tomado su nombre de los gritos de pasión que su madre profirió mientras la poseía Amón-Ra.

Según algunos autores llegó a casarse con su sucesor e hijastro, aunque este extremo no está confirmado. Lo que sí es cierto es que reinó durante quince años, bajo el favor de los dioses que, en verdad parecía que hubieran derramado sus dones sobre Hatshepsut. Fue una gran reina, pero a su muerte, el resentido Tutmosis III, mandó borrar o picar las imágenes de su predecesora, en un deseo de demostrar su supremacía sobre ella. Pero tres mil años después, su recuerdo permanece, y está considerada como uno de los mayores faraones del antiguo Egipto.

LA REVOLUCIÓN DE AMARNA: AKHENATÓN

En "el país de los mil dioses", donde se reverenciaban tanto a las divinidades humanas como a las animales, hacia el año 1375 a.C. subió al trono el faraón Amenhotep IV. A él se debe lo que se ha dado en llamar la "revolución de Amarna", el único intento en la historia de Egipto de imponer un culto monoteísta.

El joven faraón, poco después de ser elevado al trono, quitó al sumo sacerdote de Amón, la administración de los bienes del dios. Los sacerdotes de Amón eran, en aquellos momentos, poderosísimos, y es evidente que el nuevo rey deseaba liberarse de su opresiva tutela. Haciéndose cargo de sus riquezas, eliminaba también la base del poder de la casta sacerdotal.

A continuación, cambió su nombre de Amenhotep, que significaba "Amón está contento" por el de Akhenatón, cuya traducción podría ser "la gloria de Atón" o "la encarnación de Atón". Atón era "el disco del Sol" y las referencias a esta divinidad abstracta, sin figuración humana, venían de varios siglos antes. El padre de Akhenatón, Amenhotep III, tenía entre sus nombres uno que hacía alusión al "disco solar deslumbrante", y ya era venerado como símbolo del Sol y del propio Ra. Coexistía con el resto de los dioses del panteón tradicional egipcio, pero el nuevo faraón, lo convirtió en el dios único en detrimento de todos los demás.

Abandonó Tebas, la capital del Estado e hizo construir otra ciudad a unos quinientos kilómetros de distancia, hacia el norte, en un lugar despoblado que no tenía relación con ningún otro dios anterior. La llamó Akhetatón ,"horizonte de Atón", y es la actual Tell- el-Amarna.

Se dice que el propio faraón intervino en el trazado y ordenación de sus calles, y en ella se levantaron, al menos cinco palacios y varios templos consagrados a Atón. Estos templos, a diferencia de los santuarios de Amón, no estaban cubiertos; se podía adorar al sol en todo su esplendor. Amplios patios sin techo se bañaban en la intensa luz solar, mientras se cantaban hermosos himnos compuestos para Atón, verdaderas joyas de fe y poesía, cuyas palabras siguen emocionando. La mayoría estaban compuestos por el mismo faraón:"¡Qué variadas son tus obras! Ocultas están a la mirada de los hombres, ¡oh dios único, aparte del cual ninguno otro existe! Atón creó todos los países, los hombres y las mujeres, y puso a cada uno de ellos en el lugar que le es propio, previendo todo lo necesario para su vida. El mundo por ti subsiste... cada uno de ellos tiene su alimento".

Se ha comparado este himno con el salmo 104, y demuestra el fervor religioso del faraón, entregado en cuerpo y alma a su dios. La plegaria hallada en su sarcófago, contenía estas líneas, expresión de la confianza y el amor de Akhenatón por Atón: "Voy a respirar el dulce aliento de tu boca. Voy a contemplar cada día tu hermosura... Dame tus manos, cargadas de tu espíritu, para que yo te reciba y viva en él. Pronuncia mi nombre por toda la eternidad: nunca faltará a tu llamada". Después de más de treinta y tres siglos, esta plegaria todavía conmueve.

Poco antes de que finalizasen las obras de la nueva ciudad, Akhenatón proclamó que todos los egipcios, y también otros pueblos, como los nubios y los sirios, debían venerar como único dios a Atón.

Akhenatón estaba casado con la reina Nefertiti, enormemente bella, según los bustos y los retratos que nos han llegado de ella, y fue su aliada fiel en la reforma religiosa emprendida, que depuraba el panteón egipcio.

Todas estas innovaciones se debían al valor supremo que el faraón otorgaba a "la verdad", al *ma 'at*. Desmedrado, casi deforme, Akhenatón, que moriría joven, había descubierto el valor religioso de la "alegría de vivir", el gozo de disfrutar de la creación multiforme de Atón, y sobre todo, de la luz divina, en un culto igualitario, puesto que la luz del sol ilumina, por igual, a todos los hombres. El Sol es "el origen de la vida; sus rayos abrazan a todos los países. Aunque tú estés muy lejos, tus rayos se posan sobre la tierra; aunque te alces sobre los rostros de los hombres, tus huellas son invisbles. Creador del germen en la mujer, anima el embrión y vela en el parto y durante la crianza del niño, del mismo modo que da el aliento al pajarillo y luego lo protege". No hay en toda la historia de egipcia expresiones más hermosas de religiosidad. Y tampoco hay muchas que puedan superarlas en las religiones de otros pueblos y de otros tiempos.

Pero la reforma no resultaba fácil entre gentes acostumbradas a adorar a tantos dioses. Amón-Ra, la divinidad solar más importante, fue desterrada, sus estatuas hechas añicos, se clausuraron sus templos y los sacerdotes de su culto fueron expulsados. Las enormes riquezas que atesoraban los santuarios de Amón-Ra fueron retiradas y pasaron a la posesión real. Todos aquellos que incluyeran en su nombre el de Ra, fueron obligados a cambiárselo. Ra desaparecía para dejar paso a Atón.

Las órdenes del faraón no se discutieron oficialmente, pero la mentalidad egipcia no estaba preparada para un cambio tan repentino y tan radical, y de forma clandestina se prosiguió con el culto a las viejas divinidades, alentado, sin duda, por los sacerdotes desposeídos de Amón-Ra que esperaban el momento de su venganza. Ahora, los únicos sacerdotes de Atón, los únicos que podían entrar en contacto con el dios eran Akhenatón y su bella esposa Nefertiti.

Se dice que este faraón actuó como un dictador, pero, desde luego no puede decirse que fuera de los peores. La divinidad de Atón era benevolente, amparaba y protegía a todo el género humano del que era origen, y sin duda, si el faraón hubiese procedido a esta reforma con más flexibilidad, es posible que hubiese perdurado en el tiempo.

Durante el reinado de Akhenatón, debido a su pasividad política y militar, Egipto perdió su imperio en Asia. Se organizaron algunas campañas en el Asia Menor con resultado nulo. Tal parece que el faraón estuvo demasiado embebido en su reforma religiosa y descuidó muchos asuntos realcionados con la administración del reino.

En un período bastante oscuro, parece que Akhenatón perdió la razón, o consiguieron derrocarle, recluyéndolo. Le sucedió Tutankatón, hijo, posiblemente, del propio faraón y de una de sus esposas menores, pues con Nefertiti tuvo seis hijas. Durante dos años reinó una misteriosa Smenkhkare, quizás la misma Nefertiti. Tutankatón restableció las relaciones con el sumo sacerdote de Amón, le devolvió sus riquezas y la preponderancia social de la disfrutaba la casta sacerdotal, y retornó a Tebas. Cambió su nombre por el de Tutankamón. Regresaron todos los dioses, mientras Atón desaparecía. Al poco tiempo de que ascendiera Tutankamón al trono, murió Akhenatón, el último faraón de una dinastía que había sido larga y gloriosa, la XVIII, marcando el fin de la creatividad del genio egipcio.

Nada más morir Akhenatón, se destruyó su ciudad que fue arrasada, sus templos derruidos, se borraron todas las inscripciones que contenían su nombre y se intentó que desapareciera el recuerdo de este faraón y de sus intentos monoteístas. Amón-Ra volvió a ocupar lo más alto del panteón divino egipcio, y Ra volvió a recorrer el cielo con su barca para tranquilidad de sus fieles y, especialmente, de sus sacerdotes.

Y así parece que fuera a terminar la historia de Akhenatón, considerado el faraón hereje y, sin embargo, dos investigadores judíos, Roger y Messod Sabbah, en fechas muy recientes, han puesto sobre una mesa una curiosa problemática en relación con el pueblo hebrero y que tiene muchos que ver con este faraón. Según la historia bíblica, el pueblo judío permaneció 430 años en cautividad, en Egipto, pero no hay constancia alguna de este cautiverio en este país. Es extraño, pues la poderosa burocracia egipcia, lo registraba todo. En este largo período de tiempo, se sucedieron muchos faraones, y parece que el éxodo judío se produjo bajo el faraón Aï, un politeísta convencido, que mandó expulsar de los dominios egipcios a todos aquellos que adorasen a un solo dios. Los desterrados partieron hacia Canaán, una provincia situada a diez días de camino de Tell-el-Amarna, la ciudad de Akhenatón, y se llamaban *yahuds*, que significa "adoradores del faraón". Años después, en aquel lugar fundaron un reino al que pusieron por nombre *Yahuda*, de donde provendría Judea.

Según estos investigadores, en el orden cronológico, la Biblia al hablar del éxodo del pueblo judío hacia la Tierra Prometida, coincide con el reinado de Akhenatón y, por ejemplo, la historia de Abraham tiene muchos puntos en común con la historia de este faraón, lo que explicaría el silencio egipcio sobre este tema. Después de estudiar, concienzudamente, las inscripciones y pinturas de las tumbas del Valle de los Reyes, encontraron que muchos de los jeroglíficos que decoran las paredes son idénticos a algunos de los símbolos de la escritura hebrea. Incluso se atreven a decir que la figura de Moisés, correspondería al gran general egipcio Mose, con el que compartía atributos, como el bastón, los cuernos, la serpiente y el rayo. Todo esto estaría encaminado a determinar que el pueblo judío sería de origen egipcio, y en alguna manera, se habría perpetuado la reforma del denigrado Akhenatón.

El arte de Tell-el-Amarna

El arte egipcio, durante milenios, repodujo las mismas características artísticas, sin experimentar modificaciones, pero Akhenatón, quizás por ese amor a la "verdad", introdujo un tipo de arte más realista, menos rígido, cuyos modelos intentaban reproducir la realidad y no la idealización de los faraones que le precedieron y que le sucedieron. También con él la reforma llegó al arte.

Los retratos de Akhenatón muestran su imagen inconfundible: un cuello largo, que sujetaba una cabeza bastante grande, en la que destacaban los ojos sesgados y labios muy gruesos. El cuerpo presentaba los hombros caídos, un abdomen abultado, muslos grandes, muy anchos, y unas piernas terminadas en unas agudas espinillas.

En esta nueva concepción del arte, los niños se representaron como tales, no como adultos en miniatura y los animales entraron en acción: los pájaros volaban y adquirían actitudes tomadas de la realidad. El faraón, con su esposa, aparecían reproducidos en poses naturales y en escenas de la vida cotidiana, teniendo a sus hijas en los brazos, como si de una familia normal se tratase.

A pesar de que Tell-el-Amarna fue destruida a la muerte de Akhenatón, se han conservado numerosos restos de aquella metrópolis surgida de la nada, por la voluntad del faraón, y de entre estos restos destacan algunos de los bustos de la bellísima Nefertiti. Uno de los más hermosos es el hallado en el taller del escultor real Tutmosis. Está inconcluso y es de caliza coloreada.

En su deseo de volver al orden anterior, los sucesores de Akhenatón quisieron que también el arte recobrase los cánones clásicos, pero el nuevo arte no pudo ser erradicado de manera total, y algo trascendió de esa naturalidad y realismo del período de Amarna. Podría decirse que el legado artístico de este faraón sería lo más perdurable de su revolución.

LA PREPARACIÓN PARA LA ETERNIDAD

Es imposible hablar de la mitología egipcia sin hacer referencia a la vida del más allá, tal vez la creencia más arraigada entre este pueblo. Creían firmemente que era fundamental conservar el cuerpo tras la muerte para acceder a la vida eterna. En tiempos muy primitivos, los restos de los difuntos se enterraban en huecos poco profundos, pero, con el tiempo, se extendió el proceso de momificación como medio de conservación del cuerpo. Al ser este proceso bastante caro, incluso se produjeron revueltas para que todos, ricos y pobres, pudieran tener acceso a él, pues a tal punto se consideraba importante.

Los antiguos egipcios consideraban que en el cuerpo, propiamente dicho, *sak*, y en el corazón, *ib*, en el que se creía que residían los sentimientos y la inteligencia, existían otras cinco partes: el *ka*, considerado la fuerza vital o el alma, el *ba*, que era el espíritu y la personalidad, el *akh*, la unión inmortal entre el *ka* y el *ba*, el *ren*, que era el nombre con el que se conocía la persona y el *shuwt*, la sombra. Tanto la sombra como el nombre se creía que protegían a cada ser humano de forma individual. Estas cinco partes que componían el cuerpo y el alma del hombre, tenían una gran importancia en el momento de abandonar el mundo de los vivos y emprender el viaje hacia lo desconocido.

Como ya sabemos, Jnum, el dios creador, modelaba con arcilla, dos personas exactamente iguales, representando la parte física y la parte que representaba el *ka*. Tras la muerte, el *ka* podía quedarse en la tumba, donde se mantenía de las propiedades que le transmitían las ofrendas de los sacerdotes y de sus familiares. Por ello era tan importante que los parientes no se olvidasen de sus muertos, que dependían de su generosidad, para, en cierto modo, mantenerse con "vida". Estas ofrendas eran conocidas por el nombre de *kaw*. El *ba*, relacionado con lo que sería nuestro actual concepto de personalidad propia, solía representarse en forma de ave con cabeza humana, y por las noches descansaba en la tumba. Sus características físicas hacían que fuera diferente para cada persona. También podía simbolizar el poder de un dios en la Tierra, como en el caso de buey Apis, que se consideraba que era el *ba* de la divinidad Osiris. El *ba* podía visitar el mundo de los vivos, o viajar por el cielo, al fin y al cabo era un ave, en compañía de otros dioses. Era vital preservarlo para alcanzar la inmortalidad, pues debía atravesar el mundo de los muertos, con los incontables peligros que se cernían en ese espacio misterioso, antes de reunirse con el *ka* y convertirse en el *akh*.

El *akh* era la forma más perfecta de existencia a la que se podía aspirar y, una vez creada, era inmortal, permanecía ya para toda la eternidad. Se le representaba con la forma de un ibis que lucía una cresta. Moraba en el cielo, junto a los dioses, pero esta unión dependía de la correcta prepración del cuerpo mortal para la vida futura. La vida eterna sólo podía alcanzarse si se cumplían tres requisitos: la conservación perfecta del cuerpo, la alimentación del *ka* y la correcta pronunciación del nombre del muerto en las plegarias y oraciones.

La momificación

Era el primer paso para la conservación de los restos mortales, en un proceso muy laborioso, realizado por especialistas que contaban con la ayuda de Anubis, el dios de la momificación. Él fue el primero que momificó un cuerpo, el de Osiris. Su representación era la de un hombre con la cabeza de un chacal negro, inclinado sobre el difunto. También era el protector de los enterramientos, y una de sus misiones era alejar a los ladrones de las tumbas.

Lo primero que se hacía era lavar y purificar, con suma atención, el cadáver. Después se extraían los órganos perecederos, se procedía a eviscerar el cuerpo, extrayéndose las vísceras. El cerebro era lo primero que se sacaba del cuerpo muerto. Se realizaba a través de los orificios nasales por medio de una larga ganzúa. Hecho esto, se abría el costado izquierdo del cuerpo para sacar el hígado, los pulmones, el estómago y los pulmones. Sólo el corazón permanecía en su sitio, pues en él residía el pensamiento y era la víscera que se pesaba en el juicio de Osiris.

Los órganos extraídos se lavaban y secaban con natrón, una especie de jabón compuesto de carbonato sódico. Se les aplicaban resinas y aceites aromáticos y se envolvían con tela de lino. Así preparados, se introducían en los vasos canopos. El nombre de estos vasos, contenedores de vísceras, procede de una errónea asimilación, posiblemente por su forma, con las vasijas de cabeza humana que se veneraban en Canopus, como manifestaciones de Osiris.

Cada uno de estos cuatro vasos se encomendaban al cuidado y protección de los cuatro hijos de Horus, que estaban presentes en el momento que el alma comparecía ante Osiris. El hígado era encomendado a Imseti, que tenía cabeza humana; los pulmones estaban al cuidado de Hapi, con cabeza de babuino; el estómago era encomendado a Duamutef, de cabeza de chacal y, por último, los intestinos eran cuestión de Qebehsenuef, con cabeza de águila. Por eso, las tapas de los recipientes de los vasos canopos, presentaban la forma de estas cabezas protectoras.

MITOLOGÍA EGIPCIA

Liberado el cuerpo de sus vísceras corruptibles, se lavaba su interior, se perfumaba y se rellenaba, de manera temporal, con natrón para acelerar el proceso de deshidratación. También con natrón, se recubría el cuerpo durante cuarenta al días. Durante este tiempo, el cuerpo llegaba a perder hasta tres cuartas partes de su peso, secándose. Más tarde, el primer relleno del cuerpo se retiraba y la cavidad se volvía a rellenar con natrón fresco y telas empapadas en resinas para que el cuerpo recuperase la forma que había tenido en vida. Así preparado, se le embellecía con cosméticos, se le maquillaba y pintaba, hecho lo cual se bañaba el cuerpo con aceite de cedro y resinas perfumadas. Se envolvía con vendas y durante esta operación, los sacerdotes leían párrafos del *Libro de los Muertos*.

Con este procedimiento las momias se han mantenido durante milenios, quizás también ayudadas por la sequedad ambiental de Egipto. La momia de mayor antigüedad y mejor conservada de las encontradas hasta hoy en su propio enterramiento, corresponde a un cantor de la corte llamado Nefer, que murió y fue enterrado hacia el año 2470 a.C., en la antiquísima necróplis de Saqqara. Conservaba perfectamente las vendas que la envolvían y sobre el rostro vendado se apreciaban, con toda nitidez, el bigote y las cejas pintadas.

Algunas técnicas de embalsamamiento, a medida que se fueron practicando, llegaron a ponerse por escrito. Se hicieron como unos manuales que podían ser de utilidad para aquellos que empezaban como embalsamadores. El más antiguo de estos manuales que conocemos es del siglo I d.C., pero es muy posible que existieran textos muy anteriores a esta fecha.

En un principio sólo la realeza tenía derecho a la momificación, pero luego este privilegio se extendió a todo aquel que pudiera pagarlo. En los tiempos de Heródoto era una práctica bastante habitual y la había de varios precios según el poder adquisitivo de la familia del difunto.

El cuerpo se llevaba a los embalsamadores, y se enseñaba a los familiares y amigos que lo transportaban, los diferentes tipos de momias disponibles en madera, desde las más sencillas, a las que reproducían con exactitud al difunto, a través de unas pinturas minuciosas y muy bien elaboradas. Se les hablaba de los tres tipos de embalsamamiento: el primero correspondía al mejor y más caro. Era el que se había practicado al dios Osiris. El segundo, era bastante inferior, pero su precio también disminuía. En este caso no se sacaban las entrañas. Se limitaban a poner tapones en los orificios corporales para impedir la salida de los fluidos. Y en el tercero, que era el más económico, no se envolvía en cadáver con vendas. Pero todos estaban sometidos, durante dos meses, al baño de natrón para que sólo quedase la piel y los huesos.

Después de pactar un precio, los deudos del difunto dejaban el cuerpo en manos de los embalsamadores y se retiraban. A pesar de que el embalsamiento se había convertido en una transacción mercantil, conservó siempre un sentido religioso y místico, más allá del trámite puramente económico. Y, sin embargo, las gentes modestas consumían en su embalsamamiento casi toda la herencia que podían legar, y esto, después de ahorrar toda la vida. Todavía quedaban los que no tenían acceso a un entierro digno y a poder adquirir unos palmos de tierra en los que descansar. Éstos debían resignarse a toda esperanza de conocer una vida mejor o más feliz, muriendo por completo y para siempre.

Independientemente del tipo de embalsamamiento elegido, el proceso de momificación duraba setenta días, si bien el tiempo preciso no iba más allá de los cuarenta. Si se mantenía ese luto de setenta días, era muy posible que se debiera a la relación del proceso de momificación con la estrella Sirio, importantísima para los antiguos egipcios, ya que anunciaba el inicio de las inundaciones anuales del Nilo.

Eran muchos miles las personas que, en todo Egipto, se dedicaban a este trabajo de preparación de los muertos. Esta industria empleaba grandes cantidades de resinas y perfumes, telas y antisépticos así como gomas y materias bituminosas.

Las vendas de tela fina que envuelven las momias de algunos faraones llegan, a veces, a tener más de un kilómetro de extensión, siendo varias las empleadas para un solo cadáver real.

Las ayudas a los muertos

Si se tomaban tantas molestias para conservar los cuerpos de los difuntos era por la gran importancia que se concedía al espíritu, al que también había de preparar para el proceloso viaje que le aguardaba más allá de la muerte.

El *ba* se veía rodeado de obstáculos, y para ayudarle a vencerlos, los vivos ponían junto al cuerpo del muerto, incluso entre las vendas, amuletos y símbolos mágicos. Uno de estos amuletos, considerado de gran eficacia era un pilar, conocido como *djed*, una columna coronada por cuatro barras entrecruzadas. Su origen nos resulta desconocido, pero en el *Libro de los Muertos* está identificado como el pilar de Osiris, que aseguraba la estabilidad del fallecido en el reino de los muertos. Partiendo de esta significación, en la celebración del jubileo real y en los ritos por la muerte del faraón, se celebraba, en algunos lugares de Egipto, el levantamiento del pilar *djed*.

Los escarabeos, o escarabajos sagrados, eran otros de los amuletos que solían colocarse sobre el corazón del muerto, donde se suponía que residía la inteligencia y los sentimientos. Por eso, el corazón era el órgano que se pesaba en el juicio del alma, efectuado ante Osiris. Si el corazón era demasiado pesado, como consecuencia de las maldades cometidas en la vida, el dios Osiris condenaba al muerto. Para tratar de evitarlo, se colocaba el escarabeo con una inscripción tomada del *Libro de los Muertos*: "¡Oh, corazón que recibí de mi madre! ¡Oh, corazón, el mismo que tuve en la Tierra, no te vuelvas contra mí como testigo en presencia del Señor de las Cosas!".

Figuritas de dioses y diosas, o incluso representaciones de partes del cuerpo en el caso de que el embalsamamiento no hubiera salido bien, se adjuntaban al difunto para que le sirvieran de protección. Pero, como muchas momias, a pesar de tantos cuidados y desvelos, debido a algún problema en el embalsamiento, podían sufrir una especie de carcoma que llegaba a pulverizarlas, se colocaban junto al cadáver, un repuesto de vendas nuevas y de ungüentos. Así, el muerto podía curarse dentro de la tumba los desperfectos que sufriera su momia.

Cuando el cuerpo estaba convenientemente provisto de los amuletos y envuelto en el último de los numerosos vendajes que lo recubrían, se introducía en el sarcófago.

Entierros, sarcófagos y tumbas

La ceremonia del entierro fue evolucionando con el paso del tiempo. En los tiempos primitivos, el cuerpo se enterraba en posición fetal. Las rodillas tocaban la barbilla y las manos se colocaban frente a la cara. La cabeza siempre se ponía mirando hacia el oeste. A menudo se ataba el cuerpo con ligaduras muy apretadas, de manera que todos los huesos se tocasen. Después, esta postura fue abandonada y el cuerpo se enterró extendido, envuelto en telas de lino. Se le rodeaba de objetos para su uso en el más allá, comida, recipientes que contenían cerveza, tipos de ungüentos, navajas, collares y artículos de los que hubiera utilizado en su vida diaria, así como amuletos que se ponían sobre el cuerpo.

Hacia el 3100 a.C., en la época de la unificación de las Dos Tierras, los sarcófagos eran de adobe, de cestería o de madera, pero el cuerpo aún no se embalsamaba. Cuando, en fechas posteriores, el cuerpo se estiró, se colocaba, ya momificado, en el interior de uno o de varios sarcófagos de madera, uno dentro de otro, recubiertos por plegarias y oraciones que ayudaran al muerto en su viaje. En muchas ocasiones, los sarcófagos adoptaban forma humana y se pintaban con los rasgos del fallecido, además de escribir en ellos las fórmulas religiosas y mágicas de protección al difunto. Los faraones, los nobles y los ricos, disponían de otro sarcófago más, uno de piedra, en cuyo interior se colocaban todos los demás, con sumo cuidado.

Las tumbas, como moradas para eternidad, eran de importancia capital. Las paredes estaban decoradas con escenas de la vida diaria y también con escenas que hacían referencia a la vida del más allá, además de oraciones, plegarias y conjuros mágicos para proteger al difunto. En el interior de la tumba, también se colocaban papiros funerarios como el *Libro de los Muertos*, el *Libro de las puertas* y el *Libro de las Cavernas*. Se suponía que estos textos ayudaban al *ka* para poder superar los obstáculos que se le presentaban en el viaje hacia la eternidad.

Dentro de la tumba había todo lo que una persona pudiera necesitar en el más allá: muebles, ropas, comida, utensilios, barcas y, en muchas ocasiones, todo lo necesario para el aseo personal, en el que los egipcios eran especialmente cuidadosos. En el caso de las mujeres, especialmente princesas, aristócratas o reinas, tenían junto a sí, en sus tumbas, los cosméticos que usaban en vida, así como los ajuares de tocador que iban, desde los espejos y peines, a las pinzas para la depilación o los pinceles para la aplicaciónde las pinturas de ojos. También se les colocaba aquellos objetos que, en vida, les habían gustado de manera especial. Otro elemento importante era la imagen del propio difunto, en la que se creía residía el *ka*. Si la momia, por alguna circunstancia, se estropeaba, esta imagen podía ser su sustituta.

Las tumbas, con el paso de los siglos, fueron cambiando. Las más primitivas eran los *hipogeos*, sepulcros subterráneos de forma abovedada. Las *mastabas*, pertenecientes al Imperio Antiguo, tenían forma de pirámide truncada. Durante este período, las estatuas o imágenes correspondientes a los difuntos, se colocaban en una pequeña habitación, llamada *serdab*, "casa de las estatuas". Esta "casa" tenía unos agujeros realizados a la altura de los ojos por medio de los cuales el *ka* podía ver y absorber mágicamente las ofrendas que se le hacían, así como las ceremonias que se le tributaban. Algunas veces, y para mayor seguridad, se colocaba un busto del muerto en piedra, considerada como una "cabeza de repuesto". El último formato de tumba fue la pirámide, de la que hablaremos más extensamente.

El funeral era la última etapa del viaje que el difunto emprendía y era, también, la despedida que le tributaban sus seres queridos. Se organizaba una procesión seguida por plañideras profesionales, que se mesaban los cabellos y, entre grandes lloros y lamentos de dolor, se echaban polvo sobre el rostro en señal de pesar y de duelo. También recorrían el pueblo llorando, con las faldas recogidas y dándose golpes en el pecho descubierto. Y lo mismo hacían los hombres. Las mujeres de la familia , antes de unirse a la procesión, procedían de la misma forma.

El cuerpo momificado se conducía hasta la tumba y los familiares y deudos del difunto llevaban todo el ajuar funerario y las pertenencias destinadas a acompañarle. Al funeral asistía, también, el embalsamador, así como sacerdotes dedicados a los cultos fúnebres, que llevaban máscaras de chacal, en recuerdo del dios Anubis. Cuando la procesión llegaba hasta la tumba, era recibida por los *muu*, unos danzarines con un tocado muy particular. En el caso de que el difunto fuera un faraón, el entierro era seguido por un gran número de personas que se despedían de su dios en la Tierra.

El punto culminante del funeral era la ceremonia de la "apertura de la boca", durante la cual los sacerdotes revivían al *ka* del difunto. Se procedía así, porque, de manera simbólica, el muerto recuperaba los sentidos para poder hacer frente a la vida eterna.

Este ceremonial parece que tenía su origen en un rito, muy antiguo, que se celebraba en presencia de las imágenes de los dioses, de manera que éstos pudieran participar en ella. En los *Textos de las Pirámides*, datados en el Imperio Antiguo, se leía que la momia del faraón se reencarnaba en el cuerpo de Horus cuando éste recomponía el desgarrado cuerpo de su padre Osiris. En el Imperio Nuevo esta ceremonia se efectuaba en todos los funerales y tenía varias fases. En primer lugar, el sarcófago que contenía el cuerpo se colocaba frente a la tumba y se purificaba con agua e incienso para, proceder a continuación, a reanimar las diferentes partes del cuerpo. Para ello, se recitaban oraciones y ensalmos junto a complicados rituales. Se introducía, en la boca del difunto, la antepierna derecha de un buey que se había sacrificado para este fin, posiblemente, para transmitir el poder simbólico del este animal al cuerpo muerto. En algunas ocasiones, esta ceremonia se celebraba ante la estatua funeraria, no ante el cuerpo, pues se creía que también la imagen del fallecido albergaba el *ka*.

Al terminar este ritual, los sacerdotes y el cortejo se retiraban y entonces empezaban los obreros. Bloqueaban la entrada de la tumba con piedras y se recubría con una capa de yeso. En el caso de los enterramientos reales, se decoraba con la figura de un chacal sentado, que simbolizaba a Anubis, guardián de las necrópolis y dios del embalsamamiento.

Como hemos visto, los egipcios confiaban ciegamente en el más allá, pero esta vida eterna estaba condicionada a elementos tan materiales como la conservación del cuerpo y a las ofrendas y ceremonias que debían tributarles sus parientes vivos. Sus espíritus podían ser gravemente perturbados o atacados por sucesos que tuvieran lugar en el mundo de los vivos, como por ejemplo, los ataques de los chacales, devoradores de carroña, que en caso de penetrar en la tumba, podían causar estragos en los cuerpos muertos. Pero si protegerse de estos animales era relativamente fácil, no lo era tanto defenderse de los saqueadores de tumbas.

Al enterrarse con valiosos ajuares, las tumbas eran presas codiciadas por los ladrones que, en todas las épocas de la historia egipcia, se dedicaron a esta lucrativa profesión. Las penas para los saqueadores eran terribles, pero no parece que la severidad del castigo, ni las maldiciones que se colocaban en el interior de las tumbas, dirigidas a los que osasen perturbar el descanso eterno del difunto, hicieran mella en aquellos que vivían de las rapiñas.

En el Valle de los Reyes, los templos funerarios se separaron de las tumbas propiamente dichas, para que los sacerdotes realizasen sus ritos diarios en honor del difunto sin dar pistas sobre dónde se encontraba la tumba, pero fue una precaución inútil. Si había templos funerarios, las tumbas no podían estar muy lejos, por lo que encontrarlas, sólo era cuestión de tiempo, de paciencia y de tomar ciertas precauciones para no ser vistos. Los expolios eran muy frecuentes, e incluso las tumbas de los faraones fueran saqueadas ya en la Antigüedad. Se llegaron a poner guardias para vigilar las sagradas sepulturas, pero la necesidad y la codicia, forzaron las cámaras más ocultas y burlaron a todos los guardias.

Llegó un momento, que para preservar a las momias reales de los continuos salteadores, se sacaron de sus lugares originales de enterramiento para trasladarlos a otros enclaves más secretos. Ramsés III, Amosis, Amenofis I, Tutmosis II y también Ramsés el Grande, fueron desenterrados y acumulados en una sola tumba, eso sí, todos con sus riquezas fabulosas. Parece que su último emplazamiento fue una tumba excavada en las rocas de Der-el-Bahari, cerca del fastuoso templo de la reina Hatsepsut. Aquí parece que durmieron en paz, porque, sin duda, se perdió el recuerdo del emplazamiento, hasta que fue descubierto, por azar, en el año 1875.

La Pirámide

La pirámide como enterramiento real parece originarse en el Imperio Antiguo. Desde los primeros tiempos, en la I Dinastía, al faraón se le enterraba en una gran edificación circular de ladrillo que tenía varias salas o aposentos, inaccesibles desde el exterior. El cuerpo del rey se colocaba en uno de estos aposentos, mientras que todo su ajuar y las ofrendas de comida y bebida, se situaban en otra de las salas. El exterior de la tumba presentaba unos huecos que servían de puertas y por las que se suponía que el *ka* del faraón podía salir y entrar. Se construía un muro alrededor de todo el enterramiento y, de vez en cuando, se colocaban ofrendas frescas en los huecos de la tumba. El nombre del faraón se inscribía en una losa conmemorativa, situada en el exterior, pero sin ninguna alusión a su vida, sus acciones o sus hazañas en el mundo mortal. En algunos de estos enterramientos reales más primitivos, se han encontrado tumbas de mujeres, siervos y perros. Posiblemente fueron sacrificados para que acompañasen al faraón en su vida eterna y le dieran el mismo servicio que le prestaban en la tierra. Esta costumbre fue muy común a muchas culturas antiguas y era habitual en Mesopotamia, como se puede comprobar en las tumbas reales de Ur. Sin embargo, estos sacrificios cesaron pronto en la cultura egipcia y en su lugar se colocaron imágenes de mujeres y servidores que sustituían a los cuerpos de los que morían cuando también lo hacía su amo, el faraón.

La pirámide, y toda la arquitectura piramidal, es típica de Egipto. Hoy podríamos considerarla como su seña de identidad. Las primeras pirámides no eran más que un gran montón de piedras, un gran túmulo sobre el que se acumulaban enormes bloques de granito. El aposento funerario, a menudo, sólo contenía una especie de panteón, al que se accedía por un pasillo o una galería muy estrecha que después del funeral se tapaba o se obstruía con sumo cuidado, de manera que la tumba fuese inviolable.

En un principio, estos aposentos funerarios tenían pocos adornos, pero hacia finales del Imperio Medio, comenzaron a escribirse sobre sus muros textos relacionados con la vida eterna, dando lugar a los maravillosos *Textos de las Pirámides*, que tan interesantes resultarían para conocer las tradiciones egipcias. En el lado oriental de la pirámide, se levantaba un templo dedicado al faraón muerto, donde se le tributaban las ofrendas y los ritos. Al morir, el monarca era deificado y una estatua, como dios que ya era, se colocaba en una sala especialmente acondicionada para ella.

El montón de piedras, base de la pirámide, podría tener su origen en el primitivo muro que rodeaba los enterramientos reales. Durante la III Dinastía este muro habría sido recubierto con un techo y pasaría a ser una masa sólida de ladrillos, posiblemente de adobe, dando lugar a las primeras *mastabas*, las primeras pirámides truncadas que se pueden contemplar en la necrópolis de Saqqara.

Con el paso de tiempo, dentro de la misma Dinastía, esta pila de ladrillos se copió en piedra y se fue engrandeciendo, mediante sucesivas capas, unas sobres otras, de mampostería. Y por último, esta estructura se recubría con bloques de piedra caliza, originando la pirámide tal como la conocemos actualmente.

Estas enormes estructuras, que sobrecogen por dimensiones, levantadas para albergar un solo cuerpo, se construyeron con unos cálculos matemáticos muy precisos, pero, casi con toda seguridad, alejados de las connotaciones esotéricas y misteriosas que algunos estudiosos y arqueólogos han querido ver en ellas.

Las primeras pirámides constaban de unas capas horizontales de piedra, todavía muy toscamente trabajadas. Se sujetaban por su propio peso, aunque hay evidencias de que también colocaban, entre capa y capa o entre algunos huecos, mortero del empleado en otras construcciones. En tiempos posteriores, el centro de la estructura se rellenaba con cascotes, principalmente de piedra y barro. Este centro daba al exterior y se recubría con piedra fina, primorosamente adornado y unido de manera tan cuidadosa como uniforme. Las cámaras mortuorias, situadas bajo el nivel del suelo, también presentaban la misma cuidadosa ejecución. Se podían acceder a ellas por unas galerías situadas al norte de la pirámide. Una vez enterrado el faraón, estas galerías, que se fueron complicando para despistar a los posibles ladrones, se obstruían con grandes monolitos de piedra y, a veces, se cerraban desde el exterior con pesadas puertas de piedra, colocadas sobre un eje giratorio que permitía la entrada a los sacerdotes.

Las primeras pirámides fueron las de Keops, Kefrén y Micerinos, levantas en Guiza, o Gizeh. Allí han desafiado el paso de los siglos, para admiración de todos cuantos las han contemplado, causando una impresión difícil de describir. Pero su interior, de admirabe construcción, ya había sido expoliado en la Antigüedad.

Muchas de las pirámides que se mencionan en los textos antiguos han desaparecido, no se han localizado o identificado. Son las llamadas "Pirámides perdidas", por ejemplo la pirámide de Menkauhor, conocida como "la más divina de las edificaciones". Se sabe que se hallaba en Saqqara, pero todavía no se ha encontrado. O la pirámide de Assa, a la que se llamó "la Bella". Pero, el Director General de Antigüedades Egipcias, decía, recientemente, que sólo se ha descubierto un 30% de todo lo que encierran las arenas del desierto, por lo que, todavía, nos aguardan muchas sorpresas sobre esta increíble civilización.

Y si nos preguntamos por qué los egipcios sintieron esa predilección por la pirámide, la respuesta muy bien podría ser, el montículo primigenio de donde surgió la creación y la vida. En su forma más sencilla este montículo sería, simplemente, un montón de arena. En Heliópolis se veneraba una formación rocosa, llamada *benben*, que se consideraba que era el semen petrificado del antiquísimo dios Atum, que habría recibido los primeros rayos del sol.

Este montículo sagrado alcanzaría su máxima expresión en las construcciones de las pirámides, tumba de los faraones, hijos de dios y ellos mismos dioses. La pirámide representaría, de alguna manera, el montículo de la creación a través del cual, el faraón muerto podría alcanzar el más allá como el dios del Sol del principio de la vida. Tal vez por ello, la cúspide de las pirámides, el *benbennet*, solía estar recubierto de oro, como si se tratase de una prolongación de *benben* adorado en Heliópolis.

Por otro lado, las montañas, no sólo en la mitología egipcia sino en otras muchas creencias religiosas, son depositarias de poderes divinos y mágicos. En la cumbre de una de ellas, conocida como "la cima del Oeste", que preside el Valle de los Reyes, la diosa Meretseger se encargaba de guardar y velar los cuerpos de los muertos de Tebas. Además, las montañas enmarcaban el tránsito diario del Sol, que aparecía tras de una montaña del Este, conocida como Baju y, cuando se acercaba al *duat*, al anochecer, cuando terminaba el día, lo hacía tras otra montaña, en el Oeste, la montaña Manu.

El viaje por el mundo de las sombras

Una gran parte de la mitología egipcia está basada en el viaje al más allá, para poder reunirse con Osiris, el dios de la resurrección, el único que podía otorgar la vida eterna. Su representación, en forma de momia, con los atributos de la realeza, símbolos de su condición de soberano y padre de Horus, del que descendían todos los faraones, se identificaba con el poder del dios del mundo de los muertos. Se le conocía como "el eternamente incorruptible" y también con el epíteto de "el adelantado de los occidentales". Las primeras referencias a este dios las encontramos en torno a la V Dinastía, pero quizás su culto era mucho más antiguo. Era una de las figuras más importantes de la mitología de Heliópolis, y es verosímil que existiera alguna rivalidad entre él y el gran dios Ra. Sin embargo, en algunas representaciones aparecen ambos dioses abrazándose para fundirse en "almas gemelas", lo que parece que, finalmente, sucedió, de manera que ambos fueron considerados, por igual, importantes y dignos de la misma veneración.

Osiris era el que juzgaba a las almas, y su justicia era inapelable. Todos aquellos que llevaron una vida virtuosa, tenían asegurado un lugar cerca de él, pero no así los malvados. Pero aun los más justos tenían que demostrarlo, de forma que cuando el cuerpo era enterrado, el *ba* había de pasar por una serie de pruebas antes de alcanzar lo que era la meta final de todo egipcio, la felicidad espiritual en el más allá, junto a los dioses. Este concepto tendrá gran importancia en otras religiones como en el caso del cristianismo.

El más allá era concebido como una transposición del mundo de los vivos. Había un río con arena en sus orillas, semejante al Nilo que los egipcios veían durante su vida mortal, en una extensa llanura bordeada de montañas. Sólo existía un elemento diferente: una estrecha garganta o desfiladero, situado en extremo occidental, por la que se ponía el Sol y los humanos llegaban al término de sus días en la tierra.

El mundo de los muertos no resultaba extraño pues tenía mucho del mundo conocido en vida, pero esto no era óbice para que el *ba* recién llegado al mundo de los muertos experimentase terror ante las pruebas a las que debía enfrentarse.

El *duat*, ese paraje del mundo de las sombras, tenía accidentes naturales tales como ríos, lagos, desiertos e islas, así como un túmulo del que salía una cabeza llamada "la carne de Isis" y que se hacía presente cuando se acercaba el alma. Por si esto fuera poco, multitud de demonios, con muy malas intenciones, intentaban que el alma de muerto no pudiese avanzar por ese camino proceloso. Usaban bastones, lanzas y redes para atrapar al *ba*, empeñado en proseguir hacia la gloria, y para superar estos escollos y librarse estos malvados seres, el alma debía conocer sus nombres secretos y pronunciarlos bien. En los textos funerarios se incluían mapas del mundo de los muertos y conjuros salir vencer los obstáculos. También en estos textos se especificaba el destino de aquellos que estaban en espera de juicio por haber sido enemigos de Ra, y que no era otro que los castigos más terribles: la decapitación, ser quemados vivos, desmembrados o introducidos en un caldero con aceite hirviendo.

Al atravesar la sexta puerta, el *ba* alcanzaba el salón donde se encontraba Osiris y su destino estaba pronto a decidirse. Flanqueado por las diosas Isis y Neftis, se procedía a pesar el corazón del muerto con la pluma de Ma´at, la diosa de la verdad y del orden divino, así como de la justicia. Una vez pesado, Anubis comprobaba el resultado y el escriba divino, el dios Thot, apuntaba el resultado. Mientras tanto, el muerto defendía su inocencia de los posibles crímenes en una gran ceremonia conocida como la "confesión negativa". Las ofensas consideradas graves o muy graves, podían ser desde la traición a la soberbia o la mentira, aunque generalmente se aplicaban a infracciones más bien relacionadas con la sociedad y el orden cívico, como el robo, o la apropiación indebida. Todavía tenía que comparecer el *ba* ante un tribunal en que se encontraban cuarenta y dos dioses que ayudaban a Osiris en el juicio, y el alma debía dirigirse a cada una de las divinidades por su nombre secreto. La "confesión negativa" proporcionaba una inmunidad total: "No me sobrevendrá ningún mal en esta sala de justicia porque conozco los nombres de todos los dioses que están en ella".

Pero si la balanza se inclinaba del lado del corazón, quería decir que el alma había acumulado muchas culpas, mucha maldad, y ya nada se podía hacer. Si, por el contrario, se inclinaba del lado donde estaba la pluma, quería decir que el corazón era ligero, no tenía pecados que lo lastrasen y había ganado su salvación eterna. Debajo de la balanza se encontraba Amut, "el devorador de los muertos condenados", un ser terrible, con cabeza de perro o de cocodrilo, patas delanteras de león y los cuartos traseros de hipopótamo, a cuyas fauces iban los corazones de los condenados por sus maldades terrenales.

Los textos mágicos: protección y destino final del alma

En las tumbas se incluían, con frecuencia, textos con oraciones y conjuros para que el alma del muerto pudiera superar las pruebas del *duat*, así como para evitar tener un juicio desfavorable que acarrease la condenación. Se consideraba que estas oraciones y conjuros eran especialmente eficaces cuando se grababan en los amuletos protectores, y más si se hacía sobre el escarabajo que se colocaba sobre el corazón. Se creía que el escarabeo impedía que el difunto testificase en su contra.

En los *Textos de los Sarcófagos*, se encuentran muchas de estas oraciones, expuestas a la manera de fórmulas mágicas, como la que, por ejemplo, aconseja sobre "cómo no pudrirse y tener que trabajar en el mundo de los muertos".

Los textos funerarios eran bastante concretos al señalar las formas adecuadas para lograr la vida eterna, pero no todos coinciden en cuanto al destino del alma. Algunos decían que al alma ascendía hasta el cielo, mientras que otros presentaban una meta final distinta para los bienaventurados. En los *Textos de las Pirámides*, datados en el Imperio Antiguo, el faraón muerto iba a las estrellas que describen un círculo alrededor del polo norte, aunque también se convertía en uno de los acompañantes de Ra, compartiendo con el dios la barca solar y, en épocas tardías, se le identificaba con el mismo Osiris. En el Imperio Medio, estas versiones dispares, encontraron su confirmación en los *Textos de los Sarcófagos*. Una de sus versiones más conocida es la del *Libro de los dos caminos*, en el que el espíritu iba a morar en el cielo nocturno, junto a los ayudantes del dios Thot, identificado en ocasiones con la Luna. En este mismo libro se encuentran dos caminos distintos por los que acceder hacia los dominios de Osiris.

La idea de que el alma iba a reunirse con Osiris, dios de la resurrección, fue cobrando fuerza como destino final del alma y, en el *Libro de los Muertos*, perteneciente al Imperio Nuevo, parece que ya estaba plenamente consolidada esta creencia.

La ascensión del faraón a los cielos para disfrutar de la compañía de los dioses, como es lógico, tenía unas características distintas del resto de los mortales, aunque no por eso se libraba de tener que declarar si estaba libre de pecado y de cumplir ciertos requisitos.

La versión más antigua de los *Textos de las Pirámides*, presenta al faraón fallecido, atravesando la mitad oriental del cielo para reunirse con el dios Sol, utilizando las barcas sagradas que, en el cielo, estaban destinadas a este fin. Para realizar este trayecto, el faraón muerto iba acompañado del barquero, al que se conocía como "el que mira hacia atrás", en alusión a la dirección en la que miraba durante este viaje sagrado: "Despierto en la paz, el que mira hacia atrás... ha venido hasta ti para que le lleves a los dioses". El barquero sólo aceptaba a transportar al faraón si éste declaraba que estaba limpio de toda maldad, sabía pronunciar, de manera correcta, su nombre y enumerar, también con su denominación correcta, las partes de las que constaba la barca sagrada.

Emprendían la travesía, el barquero y el faraón, a través de un gran lago celestial, en cuyas orillas esperaban al monarca terrenal, hijo del Sol, unos heraldos que saludaban su llegada y la anunciaban al resto de los dioses. Grande era la alegría entre éstos, cuando un faraón llegaba a su presencia: "Nuestro corazón estaba triste hasta que llegaste", decían.

Algunos textos nos presentan a los faraones difuntos, ejerciendo de monarcas en el más allá, al igual que habían hecho en la Tierra, pero otros, les atribuyen funciones de secretarios de Ra, sellando los documentos del dios y despachando sus mensajes y edictos. Este trabajo suponía un descenso en el estatus del que el faraón disfrutó en su vida mortal, pero así se indica en los *Textos de las Pirámides*.

La Tierra de los juncos y los siervos de los muertos

En algunas versiones del más allá, los muertos pasaban a vivir en un mundo que se parecía a Egipto. Esta región era llamada, por algunos, la "Tierra de los juncos", se encontraba situada debajo del horizonte occidental y estaba bajo el gobierno de Osiris. Allí, los muertos disfrutaban de una tierra fértil, como la que se deseaba poseer en la vida mortal, y tal como prometían los *Textos de los Sarcófagos*, se comía y se bebía en abundancia y se hacía el amor. Pero para disfrutar de esta suerte de paraíso, la tierra tenía que trabajarse y levantar los edificios correspondientes. Por este motivo, los muertos se llevaban con ellos al más allá las figuras de los siervos que pudieran desempeñar cualquier trabajo que les encomendase su señor. Eran los *shabtis*, o servidores de los muertos que respondían a las órdenes con la fórmula: "¡Aquí estoy! ¡Así lo haré!".

Los dioses podían pedir al alma o al espíritu, que cumpliesen cualquier mandato divino y para liberarse de la eterna servidumbre, los antiguos egipcios se enterraban con sus "siervos". Estas figuritas podían ser muy numerosas, según del enterramiento que se tratase. En algunas tumbas se han encontrado hasta 401 *shabtis*, un siervo para cada día del año, y 36 "capataces" para organizar el trabajo de los obreros en grupos de 10. Las figuritas llevaban el nombre de su señor, así como inscrito sobre ellas el capítulo sexto del *Libro de los Muertos*, que era el capítulo que les dotaba de capacidad para trabajar en el más allá. Parece que una noble, que debía tener buenos sentimientos, pagó por adelantado para que sus *shabtis* no tuvieran que trabajar para los dioses.

Esta costumbre se cree que se inició durante el Imperio Medio y tenía sus precedentes en la figuras funerarias del Imperio Antiguo. Se mantuvo hasta la época ptolomeica. Desde luego suponía un gran avance sobre la costumbre de sacrificar siervos y animales para que acompañasen a su señor a la eternidad.

Algunas versiones sobre el destino de los muertos decían que, del mismo modo que los campos, año tras año, daban sus frutos, las almas de los difuntos acababan por regresar al mundo de los vivos para reintegrarse o incorporarse a los elementos de la naturaleza. Tal vez por ello, a Osiris se le representaba con la cara negra, como un difunto, o con la cara verde en alusión a la fertilidad y la fecundidad de los campos. En algunos enterramientos se depositaban una especie de semilleros, que tenían la forma de una estatuilla de Osiris, que estaban llenos de tierra del Nilo plantada con cebada y envueltos como si fueran momias. Se colocaban junto al cuerpo del difunto y tenían el simbolismo del regreso a la vida del alma de muerto, así como el triunfo de Osiris sobre la muerte eterna.

La vida y la muerte, como podemos apreciar, estaban en una relación armónica, pero esta idea contrastaba con las interpretaciones que atribuían, al reino de los muertos, el aspecto tenebroso y terrible donde el alma quedaba atrapada sin posibilidad de escapar. Algunos textos hablan de filas enormes de cuerpos momificados durmiendo en la más total y temible oscuridad, y que sólo despertaban, por unos instantes, cuando el dios del Sol pasaba por encima de ellos en su diario viaje nocturno. Lo que no dicen es por qué se encontraban en ese lamentable estado, si por sus pecados, porque sus deudos se habían olvidado de ellos o no tenían quien se ocupase de tributarles ofrendas y plegarias, o por problemas derivados de una deficiente momificación, aunque posiblemente, estuviesen así por ser los condenados.

El lugar del castigo

En las creencias egipcias no se ha encontrado nada que sugiera la existencia de un castigo eterno, un infierno o un purgatorio a la manera del judaísmo o del cristianismo. Sí parece que existía un lugar donde deidades malvadas atormentaban a los condenados, despedazándolos para quemarlos luego, aunque sus tormentos cesaban, momentáneamente, cuando Ra-Osiris, pasaba sobre ellos, como hemos visto en el apartado anterior.

Con el tiempo, los condenados pasaron a considerarse como los enemigos de Ra, que intentaban dañarle en su viaje por el *duat* e incluso llegaron a atacarle, pero los ardientes rayos de Ra, simbolizados por dagas o lanzas, los atravesaron.

Los muertos como protectores de los vivos

Las almas o los espíritus que habían alcanzado el más allá y la vida eterna no quedaban totalmente desvinculados del mundo de los vivos. Los mortales que quedaban aquí, en la tierra, invocaban al *akh* para que les ayudase a resolver los problemas y los trabajos de la vida cotidiana. Por otro lado, aquellos funcionarios que, en vida, ocuparon puestos importantes, se les consideraban que podían seguir siendo influyentes en el mundo del más allá, de manera que se buscaba su protección haciéndoles ofrendas en sus tumbas y ante sus imágenes. Pero, también aquellos que fueron simples y sencillos mortales, sin una relevancia especial en el mundo de la política o de los negocios, recibían cartas de sus familiares y amigos vivos pidiéndoles su ayuda e intercesión para los asuntos del día a día.

Es un concepto bastante parecido al del cristianismo, en el que se cree que las almas buenas de nuestros deudos son nuestros intermediarios en el cielo y velan, desde la gloria, por los que les amaron en la tierra.

Claro que no siempre los espíritus mostraban su aspecto más bondadoso y, en ocasiones, se temía que pudiesen volver al mundo mortal para tomarse venganza o atormentar a los vivos. Durante los sesenta días que duraba el proceso de momificación, se sentía una gran preocupación por dónde podía hallarse el alma del muerto. Los sacerdotes creían, con una base científica real, que los restos mortales desprendían sustancias nocivas que podían causar enfermedades a los vivos, por lo que se disponía de una serie de fórmulas mágicas, o de oraciones, para hacer más fácil el viaje del espíritu a la otra vida. Así se suponía que el *ba* y el *ka* se fundían, rápidamente, tras el juicio de Osiris, y el alma disfrutaba de la vida eterna y desde esta situación de felicidad, de dicha eterna, podían beneficiar a sus familiares, olvidando posibles afrentas o los deseos de venganza.

El descanso eterno y la maldición de la momia

Era fundamental que tanto la tumba como la momia que contenía, gozasen de paz, de tranquilidad, que no se vieran turbados por la profanación de agentes externos, porque de ser así, quizás no podría formarse el *akh*, y al alma no gozaría de la gloria eterna. Por ello se tomaban todo tipo de precauciones para evitarlo, aunque ni los mismos faraones eran muy optimistas con respecto a que sus sepulcros no se viesen en semejante trance: "Los que edificaron con bloques de granito, practicando salas ocultas en las gigantescas pirámides, realizando bellas cosas en esta hermosa labor... ven ahora sus aras de sacrificio tan vacías como las de los que, cansados y solos, perecen a lo largo del Nilo sin que nadie los asista".

Además, el alma perturbada en su descanso, conocida como *mut*, tenía el poder de provocar pesadillas, enfermedades e incluso la muerte sobre los vivos. Algunos mortales, faltos de escrúpulos, solían invocarla para que sirviera a sus intereses con respecto a otros, por supuesto, y que el *mut* actuara con sus siniestros efectos. Para invocar al *mut*, se empleaban fórmulas e ingredientes extraños, a los que se consideraba con un gran poder maligno, tales como el vello del difunto y polvo de su enterramiento.

Por ello, en las tumbas, se escribían terribles maldiciones dirigidas a los que se atrevieran a turbar el descanso de los muertos:"Todo aquel que perturbe esta tumba... se verá sometido a la ira de Thot",

"La muerte se acercará rápidamente a cuantos perturben el reposo del faraón", y otras frases parecidas intentaban, sin mucho éxito, la protección de los restos mortuorios, "ahuyentar al enemigo de Osiris, en cualquier forma que se presente".

Sin embargo, estas maldiciones, que hoy nos pueden parecer un tanto ingenuas, tal vez como un invento de la prensa, adquirieron gran relevancia, después del descubrimiento de la tumba de Tutankhamón, a principios del cercano siglo XX. Todos los que intervinieron en el descubrimiento de uno de los pocos enterramientos que no habían sido violados, murieron de forma trágica en un corto espacio de tiempo, sin duda debido a una serie de casualidades que poco tenían que ver con las maldiciones faraónicas, pero para el gran público siempre resulta más atractivo el lado oscuro y misterioso que la realidad alejada de todo tipo de superstición y de las trasnochadas historias de fantasmas.

LA MAGIA

Para los pueblos de la Antigüedad la patria de la magia era Egipto. Para todos los extranjeros el país del Nilo y su culto a los muertos era el más claro exponente de las prácticas mágicas y consideraban a los egipcios unos expertos, de conocimientos muy superiores en esta materia, al resto de sus contemporáneos.

Muchos egiptólogos consideraban a la magia egipcia como una forma primitiva de la religión, o como una mala adaptación de las prácticas religiosas. Incluso Masperó decía que: "la magia antigua era el mismísimo principio de la religión. Los que deseaban obtener algún favor de los dioses sólo podían alcanzarlo por medio de ciertos ritos, sacrificios y plegarias que el mismo dios había dictado y que obligaba a hacer lo que se les pedía".

Como toda magia, la egipcia tendría un origen prehistórico. El concepto del alma se desarrolló en tiempos muy tempranos, basándose en algo tan simple como el sueño. El hombre dormido parecía muerto, y se preguntaba, cómo volvía a la vida y dónde iba el espíritu durante aquel tiempo en el que se alejaba de la realidad y no percibía nada de ella. Lo mismo sucedía con la muerte. Si el cuerpo se corrompía, era lógico pensar que el espíritu se marchaba a otro lugar, abandonando el cuerpo corruptible. Ese espíritu errante, mediante halagos o amenazas podía atraérsele para que, con su poder sobrenatural, ayudase a los humanos y esto solía hacerse mediante un fetiche o amuleto al que se le daba una forma humana o animal, que podía servir como "albergue" a dicho espíritu. Pero la magia egipcia se diferenciaba de esta descripción general de magia en el sentido de que sus magos, magas o hechiceros, coaccionaban a los dioses para la obtención de beneficios. Sin embargo, en algún momento de la historia sin determinar, los dioses se hicieron muy poderosos y fueron ellos los que se sirvieron de los magos y no al revés.

Entonces fue cuando se desarrolló la magia egipcia que nos ha llegado en fórmulas tales como la importancia del nombre que se tenía, o como conocer el nombre de los dioses, incluso aquellos que se consideraban "secretos", como vimos en el mito en el que Isis, la diosa maga por excelencia, consigue arrebatarle a Ra su nombre secreto, que sólo ella y Horus conocerán, pues el escriba se cuidó muy mucho de transcribirlo. También hay ocasiones en que las divinidades benevolentes revelan a la humanidad dichos nombres, mediante los cuales pueden ser invocados por sus fieles con mayor efectividad en el ruego.

La magia tenía sus sacerdotes, los *kheri-heb*, y su importancia era tal que en el Imperio Antiguo, los hijos de los faraones ocupaban los cargos más importantes de esta casta sacerdotal. Era importantísimo la manera en que se recitaba y se pronunciaba una fórmula mágica. Si dicha fórmula era eficaz para un momento concreto, se procuraba repetirla con la misma entonación y sin desviarse un ápice sobre cómo se llevó a cabo esa primera vez. Se conocía como "el habla correcta" y la practicaba todo Egipto. Ya vimos lo vital que resultaba, en el mundo del más allá, conocer los cuarenta nombres correctos de los cuarenta dioses jueces. Además, los guardianes de las puertas del reino de Osiris no franqueaban la entrada a los que no conocían sus nombres o no los pronunciaban tal como se debía.

Debieron existir muchos libros de magia que, sin duda, tuvieron amplia difusión. Uno de los más interesantes, que ha llegado hasta nosotros, es el conocido como *Papiro de Harris*, que contiene muchos hechizos y conjuros. Los manuscritos de los libros de magia se guardaban en las bibliotecas reales y algunas veces se robaban para obtener de ellos información que pudiera resultar provechosa, especialmente, para causar el mal. Es el caso de Hui, supervisor del ganado real del faraón Ramsés III, sobre el año 1200 a,C.

Robó de la biblioteca real el libro que le permitió saber que, haciendo unas figuritas de cera de aquellos a los que quería dañar, conseguiría infringirles el dolor que deseaba. Fue descubierto, juzgado y condenado a quitarse la vida.

Las figuras de cera, todavía en la actualidad, son empleadas por aquellos que practican la magia negra, bien aplicándoles alfileres en lugares del cuerpo para provocar el dolor, echándolas al fuego o dejándolas cerca de una fuente de calor para que se derritan lentamente.

También los amuletos tenían un lugar destacado dentro de la magia egipcia. Tal vez ningún otro pueblo los haya usado de manera tan general y para más conceptos protectores, tanto en los vivos como en los muertos. El escarabajo sagrado protegía el corazón para que llegase, limpio de pecado, al otro mundo; la almohada que se colocaba bajo el cuello del difunto, tenía como misión proteger la cabeza; el collar de oro otorgaba el poder de liberarse de los vendajes del cuerpo momificado y el ojo de Horus, daba fuerza, protección y seguridad a todo el que lo llevase.

En cuanto a los sortilegios los había para todo tipo de necesidades o problemas. Si los muertos volvían a la tierra para transmitir enfermedades, existía un sortilegio con el que se les amenzaba con la destrucción de sus tumbas y en la privación de ofrendas, si persistían en su actitud. Si se trataba de exorcizar a una enfermedad, se le explicaba al mal, que la víctima elegida no era la adecuada pues resistiría sus efectos, y al final sería la propia enfermedad la que saldría perjudicada. En ocasiones, el mago o la maga, adoptan el nombre del dios bajo cuya protección actúan: "No te temo, no me llevas ventaja; yo soy Amón; yo soy el Grande, el Señor que ostenta el Poder".

Generalmente la deidad indicada, era aquella que se había mostrado eficaz reprimiendo ciertos aspectos desfavorables. Por ejemplo, un dios que hubiera derrotado a una serpiente, se consideraba el mejor abogado contra las picaduras de este animal. Ra, que en una ocasión curó a la diosa gato

Bastet de la picadura de un escorpión, estaba considerado como la mejor deidad contra los peligrosos escorpiones. O el cocodrilo huía del hombre, si se le decía que en el agua del Nilo se encontraba el cuerpo de Osiris protegido por los dioses.

Hay muchas historias que ilustran el poder y el respeto que se sentía por cualquier apartado mágico, especialmente aquellos que tenían que ver con los difuntos, y tal vez una de las más ilustrativas sea la que relatamos a continuación.

La historia de Setne y el libro mágico

Setne era un príncipe egipcio que había estudiado, con gran interés, los manucritos de la Casa de la Doble Vida, o la Biblioteca de los Libros Mágicos. Conversando un día con uno de los hombres sabios del rey, éste le manifestó su escepticismo con respecto a sus poderes. Molesto por esta crítica que ponía en duda la eficacia de la magia, Setne le propuso que le acompañase a un lugar donde encontrarían un libro que contenía dos poderosos sortilegios mágicos, y que fue escrito por el mismo dios Thot. Con estos dos sortilegios se podía hechizar todo el universo, y su poder era tal, que conociéndolo, se podía dominar a todos los animales de la Tierra, incluidos los pájaros y los peces. Esto en cuanto al primer sortilegio, porque, si cabe, aún era más tentador el segundo que permitía al hombre en la tumba, ver cómo el gran Ra se elevaba hasta el cielo con su séquito de dioses, ver la Luna elevándose con todas sus estrellas y contemplar a los peces en las profundidades de los mares.

El hombre sabio sintió curiosidad por ver tan admirable volumen y averiguó que se encontraba dentro de la tumba del príncipe Neferkaptah, en la inmensa necrópolis situada al oeste de Menfis. Durante tres días y tres noches Setne y su hermano buscaron la tumba, hasta que, finalmente, dieron con ella. Procedieron a pronunciar unas palabras mágicas y la tumba se abrió. Descendieron a la cripta en la que se encontraba la tumba, sin necesidad de antorchas, pues el libro, que se hallaba colocado sobre el sarcófago del difunto, brillaba con tal intensidad que no se precisaba ningún otro tipo de iluminación. Neferkaptha estaba acompañado de su esposa y de hijo que, aunque fueron enterrados en Coptos, se habían reunido con su esposo y padre bajo sus formas de *ka*. Setne les dijo cuál era el motivo de su visita y que quería llevarse el libro, pero Ahura, la esposa del príncipe, le dijo que no lo hiciera pues su posesión había ocasionado muchos males a los que se atrevieron a consultarlo. Su difunto esposo había dedicado casi toda su vida a la magia, y por el precio de cien piezas de plata y dos sárcofagos, compró, al sacerdote de Pthat, el secreto sobre dónde se hallaba el maravilloso libro mágico.

El libro estaba dentro de un cofre de hierro, hundido en el lecho del río, en Coptos. Dentro del cofre de hierro, había una caja de bronce; en la caja de bronce, una de madera, que, a su vez, contenía otra caja de ébano y marfil, en la cual había otra caja de plata y por fin, una última caja de oro que contenía el preciado ejemplar.

Un verdadero enjambre de serpientes y reptiles custodiaban el libro y una serpiente, que era inmortal, rodeaba las cajas con su cuerpo.

Neferkaptah acudió a Coptos, con su esposa y su hijo, y obtuvo de uno de los grandes sacerdotes, una balsa flotante y las figuras en cera de unos trabajadores, destinadas a rescatar el libro del fondo del río. Les infundió vida recitando las palabras mágicas que tenían este poder y, poco después, aquellos trabajadores surgidos de la magia, encontraron el cofre y, con otras fórmulas que conocía Neferkaptah, hizo que desapareciesen los reptiles. Por dos veces mató a la serpiente, pero de nuevo, revivía, ya que era inmortal, por lo que, a la tercera vez, la partió por la mitad, y echó arena entre las dos partes separadas para que no pudieran volver a unirse.

Abrió todas las cajas, temblando de emoción, hasta llegar al libro misterioso y leyó el primer sortilegio. Así conoció todos los secretos del Cielo y de la Tierra. Leyó, con atención, el segundo y vio cómo el Sol se elevaba con sus cohorte sagrada. Su mujer, que estaba presente, hizo lo mismo, disfrutando de aquellos conocimientos y visiones prohibidas. Luego Neferkaptah copió los sortilegios en un papiro, lo roció con incienso y lo diluyó en agua para bebérsela después, de manera que así se aseguró, para siempre, el conocimiento secreto de las dos fórmulas mágicas.

Pero al dios Thot no le gustó nada este proceder, e informó a Ra del sacrilegio que se acababa de cometer. Y el castigo de Ra se produjo de manera fulminante: Ni Ahura ni su hijo volverían jamás a Menfis, y mientras ambos regresaban a Coptos, los dos se ahogaron en el río, en el mismo río que había guardado en su lecho el libro mágico. Y poco tiempo, después, Neferkaptha corría la misma desgraciada suerte. Pero a pesar de escuchar este relato, Setne creyó que a él no le sucedería nada de esto e incluso llegó a dudar de que fuera verdad. Estaba dispuesto a llevarse el libro, a pesar de las supuestas maldiciones o castigos que pudiera acarrearle. No obstante, el ser corpóreo del príncipe muerto le propuso que la posesión del ejemplar debían jugársela a una partida de damas, y el ganador se quedaría con el libro en cuestión.

A Setne le pareció bien y Neferkaptah hizo todo lo posible para vencer, primero con honradez y después con trampas, pero perdió la partida. El libro de Thot pasó a sus manos y con él Setne ascendió a los cielos, pero Ahura auguró que sería muy infeliz, tal como sucedió. Setne se enamoró de una mujer muy hermosa que causó su desgracia, y tantos males sufrió desde que el libro estaba con él, que el faraón ordenó que devolviera el libro a la sepultura de Neferkaptha.

Otra versión de esta historia decía que Setne era un estudiante obsesionado por hacerse con el libro de Thot. Se basaba en la figura histórica de Setne Jamwas, sumo sacerdote de Ptah y cuarto hijo de Ramsés II, y se descubrió en un papiro del siglo III a.C.

Setne localizó el libro en la sepultura de Neferkaptah y después de forzar la entrada, se las tuvo que ver con los espíritus del príncepe muerto, el de su esposa y el de su hijo y, como en la versión anterior, hubo de jugarse su posesión a las damas, con el difunto.

Setne Jamwas perdió partida tras partida. Y después de cada victoria Neferkaptha le propinaba un fuerte golpe en la cabeza al derrotado Setne, de manera, que su cuerpo se fue enterrando en la tierra, hasta que sólo sobresalió su cabeza. Setne envió a su hermano, que le acompañaba en la aventura, a por sus amuletos mágicos y una vez en su poder, los utilizó para conseguir el anhelado libro.

Con él regresó al mundo de los vivos y procedió a leerlo con avidez, sin hacer el menor caso de las advertencias recibidas sobre lo peligroso que resultaba introducirse en terrenos vedados al conocimiento humano ni a las advertencias de que el libro de Thot debía ser devuelto. Mientras leía, acertó a pasar cerca de él una mujer de belleza turbadora y le pidió que hiciera el amor con él. Accedió la bella con la condición de que debía desprenderse de todo cuanto poseyera y de que matara a sus hijos. Setne estuvo de acuerdo, sin saber que la hermosa mujer era un espíritu llamado Tabubu, que lo tenía sometido a su poder.

Setne se quitó la ropa y Tabubu despareció ante sus ojos, al tiempo que el faraón entraba en la habitación. Comprendió entonces Setne, que todo había sido un mal sueño, una pesadilla siniestra. Él seguía siendo uno de los hijos de faraón y sus hijos no habían sufrido daño alguno. Devolvió el libro a su lugar, a la sepultura de Neferkaptah y renunció, por siempre, a poseerlo. El difunto príncipe sólo le pidió a Setne que, en compensación del robo, buscara los cuerpos de su esposa y de su hijo para que reposasen junto a él. Así lo hizo Setne Jamwas, que después de muchas peripecias, los encontró y los devolvió a la tumba del esposo y padre, tras lo que selló la tumba con el peligroso libro en su interior, fuera del alcance de los curiosos mortales.

La mágia médica y la alquimia

Los egipcios, que llegaron a un buen conocimiento del cuerpo humano, se dejaron, también, en algo tan realista como la medicina, llevar por el poder de la magia. Suponían que muchas enfermedades, la mayoría, se debían a la posesión demoníaca o a la acción de espíritus malignos que se introducían en el cuerpo o en el alma del enfermo causándole el mal que le aquejaba. El único remedio posible era expulsar al demonio que se había posesionado del cuerpo del paciente. El cuerpo humano, según los antiguos egipcios, se dividía en treinta y seis partes, cada una de las cuales tenía su propio demonio, por lo que el médico invocaba al demonio de la parte afectada con los ritos y fórmulas mágicas propias para este demonio y el enfermo, en teoría, se curaba. Había dioses sanadores para cada parte del cuerpo, y también médicos especializados en ramas determinadas de la medicina. Existen papiros médicos que contienen todas las fórmulas mágicas que deben ser utilizadas en la expulsión de los espíritus malignos, así como las recetas idóneas para crear los medicamentos adecuados para enfermedades concretas. Solían prescribirse unas oraciones que debían decirse mientras se preparaban estos remedios, y, con frecuencia, el paciente tenía que tragarse la receta escrita sobre el papiro si quería sanar. Pero, a fin de cuentas, los amuletos estaban considerados como el mejor remedio contra las enfermedades más diversas.

Se dice que la palabra "receta", deriva de una invocación al dios Ra, y que vendría significar algo así como : "en el nombre de Ra" o bien: "¡Oh Ra, dios de la Luz y la Salud, inspírame!".

Parece que los egipcios hubieran conseguido una medicina muy adelantada para la época si no hubiesen fiado tanto a la magia para la curación de las enfermedades.

En cuanto a la alquimia, con toda probabilidad, puede decirse que nació en Egipto. La misma palabra, de origen arábigo, *khemeia*, provendría de la egipcia *kemt*, cuya traducción es "negro" o "ensombrecido" en referencia al color del limo que se forma en las orillas del Nilo. Sirios, romanos y griegos recibieron la palabra *khême*, a través de los egipcio-cristianos coptos, que la adoptaron y transformaron en nuestra alquimia actual.

Se sabe que, desde épocas muy primitivas, los hombres del país del Nilo sabían alear metales y según los escritores griegos, empleaban el mercurio para la separación del oro y plata desde el mineral original. El desecho de estos procesos era un polvo negro que, se suponía que seguía conteniendo las mismas características y propiedades de los materiales que habían formado parte de su composición. De alguna manera, este polvo se identificó con Osiris, que por algo era el dios del mundo subterráneo, de donde se extraían los minerales, y se le atribuyeron poderes mágicos, creyéndose que dicho polvo tenía el poder de la luz. Al manipular los metales, los efectos mágicos fundentes y las aleaciones habrían derivado en la famosa *khemeia, la preparación del polvo negro*, que se consideraba el principio activo de la transmutación.

De ahí que la ciencia alquímica tuviera quizás, ese sentido profundo de secretismo y misticismo, cuando su base real era una incipiente ciencia química.

El dios de la Luna y la princesa de Hatti

Esta historia, muy conocida en Egipto y que se daba por totalmente cierta, ilustra el poder de la magia médica, y hasta qué punto creían los antiguos egipcios en ella.

A finales del II milenio a.C., Egipto sostuvo muchas guerras con el Imperio hitita, muy poderoso en aquellos momentos. Al final, el enfrentamiento acabó con la boda del gran Ramsés II con una de las hijas del emperador hitita.

La muchacha era de gran belleza y Ramsés se prendó de ella, la rebautizó con el nombre de Nefrure y le otorgó el título de "Gran esposa Real". Pero al poco de su llegada a su nuevo país, la felicidad de la nueva esposa de Ramsés se vio turbada por la noticia de que su hermana menor, la princesa Bentresh, estaba gravemente enferma.

Ramsés se encontraba en Tebas, celebrando un festival en honor del dios Amón y de inmediato regresó a palacio, reuniendo a los mejores médicos y magos. Entre todos trataron de ver qué enfermedad aquejaba a la princesa hitita y cuáles podían ser los remedios para sanarla. Pero como no llegaron a hacer ningún diagnóstico, Ramsés decidió enviar a su médico personal.

Pasaron tres años y el médico volvió a Egipto. Según él, un espíritu maligno había poseído a Bentresh y sólo podía curarse por la interecesión de un dios. Entonces se procedió a consultar a los sacerdotes de Jonsu, el dios de la Luna y se les pidó ayuda. Los sacerdotes trasladaron al dios la petición del faraón y Jonsu contestó con una inclinación de cabeza para dar su conformidad y actuar como médico de la princesa.

Pero se presentaba un problema. Como uno de los dioses protectores de Tebas que era, no podía abandonar la ciudad, así que los sacerdotes pidieron ayuda a la otra manifestación de Jonsu, al Jonsu "el exorcista de demonios".

Protegido por una serie de amuletos el Jonsu exorcista marchó con su séquito hacia la capital hitita. Diecisiete meses después llegó a su destino y curó a Bentresh. Su padre, el emperador hitita, impresionado por el poder curativo de la imagen del dios, se negó a que ésta retornara a Egipto, le levantó un hermoso templo en su país y allí la veneró.

Durante tres años y nueve meses permaneció en suelo hitita, hasta que el emperador tuvo un sueño. En él la estatua de Jonsu abandonaba su santuario convertido en un hermoso y poderoso halcón, que se abalanzaba sobre el emperador, antes de remontarse a los cielos en dirección a Egipto. Entonces comprendió que el dios quería regresar. Preparó el viaje de vuelta a Tebas de la divinidad, adjuntando un gran tesoro. Cuando llegó a su ciudad, la imagen del Jonsu exorcista presentó ante el otro Jonsu, dios de la Luna, el botín que le habían obsequiado en Hatti. Jonsu vio así enriquecido su patrimonio y la felicidad retornó a la corte de Ramsés y Nefrure.

DICCIONARIO MITOLÓGICO EGIPCIO

- A -

Abu y Ant
Eran los dos peces guía que nadaban junto a la barca de dios Ra hacia al lugar del Sol poniente.

Akh
La unión inmortal entre el *ka*, la fuerza vital o alma de la persona y el *ba*, espíritu o personalidad individual. Se consideraba la forma más perfecta de existencia a la que podía aspirar todo egipcio después de su muerte. Una vez que esta unión se producía duraba ya por toda la eternidad.

Se la representaba como un ibis, una de las aves del Delta, animal sagrado de Thot, que lucía una bonita cresta.

Amón
Su nombre significa "lo que está escondido". Su identidad era tan secreta que aquel que había intentado descubir su origen había muerto de manera fulminante. Su gran centro de veneración fue Tebas, donde en la XII Dinastía, se le construyó un gran templo, aunque parece que su origen es mucho más antiguo. Se le mencionaba en la V Dinastía formando parte de los dioses primitivos.

Con la llegada de los príncipes tebanos al poder, su culto se extendió por todo Egipto siendo uno de los dioses más venerados y ascendió a la cumbre del panteón egipcio. Las celebraciones en su honor eran las más espectaculares que se celebraban en Egipto. En la de Opet las imágenes de Amón, su esposa Mut y su hijo Jonsu se llevaban en procesión entre el fervor de sus fieles, y los sacerdotes oficiaban una ceremonia en la que la madre del faraón se unía sexualmente a Amón, de manera que se engrendase el espíritu real.

El poder de los sacerdotes de Amón llegó a ser tan grande, que al acabar la dinastía de los Ramésidas, sus sumos sacerdotes se coronaron como faraones, los "sacerdotes reyes".

Se le representaba de muy distintas formas: como un hombre sentado en un trono, con la cabeza de rana y cuerpo humano, con la cabeza de una serpiente, como un mono o un león. Pero su imagen más común era la de un hombre con barba que llevaba sobre la cabeza dos largas plumas, muy rectas, rojas y verdes o bien, verdes y azules. Vestía una túnica de lino, y se adornaba con pulseras y un collar, mientras que de la parte trasera de su cuerpo, colgaba la cola de un animal, lo que pone de manifiesto que era un dios muy antiguo. Posteriormente, cuando se le asoció a Ra, se le representó con cabeza de halcón.

Como Amón-Ra fue considerado la fuente de la vida, dios creador del universo, y el "dios desconocido a los hombres y a los dioses". Se le otorgaron todos los atributos del resto de los dioses del panteón egipcio, excepto los de Osiris.

Existió un oráculo de Amón, conocido también como de Júpiter-Amón, de gran importancia en la Antigüedad. Era un lugar misterioso situado en un oasis, en Libia, al que consultaron personajes tales como Alejandro Magno, Lisandro o el gran general cartaginés Aníbal.

Anhur

Dios guerrero egipcio cuyo nombre se podría traducir por "aquel que trae de regreso al distante". Se decía que había dejado las tierras de su patria en dirección a Nubia para traer, desde allí, a la leona con la que estaba casado, Mehit, y que fue asociada a Sejmet, y, a través de esta diosa, a Hathor. Los griegos identificaron a esta divinidad con su dios de la guerra, Ares.

Amut

Terrible monstruo con cabeza de perro o de cocodrilo, patas delanteras de león y cuartos traseros de hipopótamo, que se encontraba situado bajo la balanza en la que se pesaba el corazón de los muertos. Esperaba allí, con las fauces abiertas, para devorar el corazón de los malvados.

Anat

Diosa de la guerra cuyo culto estaba muy extendido en Siria, es pues, una divinidad extranjera importada al panteón egipcio. Parece que se la empezó a venerar con Tutmosis III que le erigió una capilla, en Tebas. Pero alcanzaría su máximo esplendor como diosa bajo la dinastía de los Ramésidas, grandes guerreros como ella. Ramsés II bautizó con su nombre a una de sus hijas.

Su representación solía ser la de una mujer sentada, con un garrote en su mano izquierda y en la mano derecha, una lanza y un escudo. Cuando su imagen está de pie, luce como vestido una piel de pantera, en la mano izquierda lleva el emblema de la vida y en la derecha, un cetro de papiro. En la cabeza está tocada con la corona blanca. A menudo se le llama "dama del cielo y señora de los dioses". Con el tiempo se convirtió en una de las dos esposas extranjeras del dios Set.

Anqet

Parece que esta diosa era de origen africano y puede que fuera la deidad de algunas de las islas de la Primera Catarata. Formaba parte con Khemu o Jnum y Satet, de la tríada de dioses de la isla Elefantina.

Su culto era muy antiguo y estaba especialmente difundido por la zona norte de Nubia. En la XVIII Dinastía se le levantó un templo en la isla de Sahal y pasó a ser su divinidad protectora. También tenía otro santuario en Filae, donde se la identificaba con Neftis.

Algunos egiptólogos la consideran como la personificación de las aguas del Nilo, y se cree que su nombre podría significar "la que abraza" o "la que rodea", en alusión a que, con sus aguas, rodeaba o alimentaba los campos situados en las orillas del río.

Anubis

Era el dios guardián y protector de las necrópolis, así como el dios de la momificación. Según algunas versiones era hijo de Osiris y de su hermana, Neftis y según otras, hijo de Set, esposo de Neftis.

Se le representaba con cabeza de chacal y cuerpo de hombre, normalmente inclinado sobre el cuerpo de un difunto. Su culto era antiquísimo y quizás, primitivamente, su cabeza de chacal correspondía a la de un perro.

Era también el dios que guiaba a los muertos por el mundo de la sombras y vigilaba el pesaje del alma cuando se producía el juicio de Osiris. Él fue el primero que embalsamó un cuerpo, el de Osiris, que había sido desmembrado por el cruel Set, ayudando a las dos hermanas de Orisis, Isis y Neftis que lloraban su pérdida. Tenía un papel importantísimo en las ceremonias de momificación de los cuerpos y ocupaba un amplio espacio en el *Libro de los muertos*.

En algunas ocasiones es ayudado en su labor de guía por el dios Up-uaut, otra deidad con cabeza de chacal o de perro, cuy nombre se podría traducir por "el abridor de caminos". En ciertos momentos, estos dos dioses se identificaron como uno solo, si bien se considera, según diversos autores, que Anubis representaba el solsticio de verano y Up-uaut, el solsticio invernal, o Anubis como el que abre los caminos del norte y Up-uaut, el que abre los caminos del sur.

Anubis fue también adorado en Roma, en una época del Imperio en la que las divinidades egipcias cobraron gran importanci en los cultos romanos, y en la que contaban con un gran número de devotos. Sin embargo, el Anubis egipcio de los romanos era representado llevando una cabeza de perro, no de chacal.

Apis

Era el toro sagrado en el que se creía que se encarnaba el *ba* de Osiris.

El toro se veneraba en Egipto desde tiempos inmemoriales, como personificación de la fuerza y de la virilidad, pero se atribuye a Menes, primer faraón histórico, el culto a este toro o buey. Debía tener unas características especiales: ser negro, con un triángulo blanco sobre la frente y en la grupa, la figura de un águila. La cola tenía pelos dobles y sobre la lengua mostraba la imagen de un escarabajo.

Su principal punto de adoración era Menfis, donde vivía en un templo, y se le alimentaba con los mejores manjares y agua especialmente traída para él desde un pozo.

También se le presentaban vacas cuidadosamente seleccionadas. Las madres de los Apis sagrados también estaban muy consideradas y disfrutaban de ricos aposentos, junto al de sus hijos.

A su muerte se le hacía un duelo nacional, se le momificaba y se le enterraba con gran magnificencia. En 1851 se descubrió el templo donde reposaban los sarcófagos gigantescos de estos animales sagrados. Algunos de ellos, de piedra, pesaban unas cincuenta y ocho toneladas. Este templo, conocido como el Serapeum, era un lugar de peregrinación para los devotos del buey Apis al que ofrecían exvotos y estelas votivas.

Cuando moría un toro Apis, se procedía a buscar otro, que siempre se encontraba y, así se mantenía el culto a este animal.

Existía un oráculo de Apis, en el que el toro daba las respuestas a las preguntas formuladas, mediante gestos o acciones que descifraban sus sacerdotes. También cuando Apis salía en procesión, los muchachos que le acompañaban cantando himnos en su honor, en un momento dado, se suponía que cuando el espíritu del toro, complacido por la veneración de la que era objeto, se apoderaba de sus cantores, éstos comenzaban a profetizar, mientras que los fieles que contemplaban dicha procesión, escuchaban con reverencia.

Apofis

Malvada serpiente que, cada noche, esperaba a Ra en su viaje nocturno por el *duat* para entorpecerle el camino. Noche tras noche, Ra y Apofis se enfrentaban en un singular combate en el que siempre era vencida la serpiente, con lo que el dios del Sol podía proseguir ese viaje y amanecer todos los días. Apofis era inmortal, y por este motivo, en el corazón de los egipcios existía el temor que, en algún momento, Ra pudiera ser derrotado por ella y no pudiese lucir en el cielo.

También por esa razón se tenía un terror supersticioso a los eclipses de sol que, hábilmente manejados por los sacerdotes, se interpretaban como la posible derrota del Sol o como un castigo divino sobre el país.

Ashtoreth o Astarté

Deidad de origen sirio, terrible diosa destructora de la guerra, cuyo culto llegó a Egipto a través de las campañas sirias de Tutmosis III. Su veneración fue muy grande, especialmente en la zona del Delta y se mantuvo, con fuerza, hasta la llegada del cristianismo.

En Egipto se la conocía con el nombre de "dama de los caballos y de los carros", lo que parece indicar que se introdujo en el país del Nilo hacia el año 1800 a.C., puesto que sobre esta fecha conocieron los egipcios, a través de los semitas del desierto oriental, la utilización de los carros de guerra.

Astarté esta representada, como divinidad guerrera, con cabeza de leona, montando en una cuádriga, a la que dirige, en medio de los campos de batalla, pasando por encima de los enemigos que están postrados a sus pies. También se le atribuía una gran belleza.

Atón

Era el "disco del sol deslumbrante" y estaba considerado como una de las formas de Amón. Compartía en panteón con los otros dioses, y, aunque era venerado desde antiguo, no se sabe mucho de él en los años precedentes a la subida al trono del faraón Amenhotep IV.

Este faraón, que incluso cambio su nombre por el de Akhenatón, "la gloria de Atón" o la "encarnación de Atón", en el cuarto año de su reinado, impuso el culto a Atón como dios único de Egipto. Esta innovación, totalmente revolucionaria para la mentalidad religiosa de los egipcios, adoradores de tantas divinidades, no fue bien recibida. Se cree que el genio religioso de Akhenatón intentaba introducir una religión igualitaria, que fuera igual para todos, pobres y ricos, sin diferenciación de casta o de nacionalidad, pues el Sol a todos alumbra, a todos calienta y hace fructificar los campos de toda la tierra.

El faraón construyó una nueva ciudad, alejada de todas aquellas que hubieran tenido que ver algo con una determinada divinidad. La llamó Akhetatón "horizonte de Atón, la actual Tell-el-Amarna, y allí edificó los templos a Atón, distintos de todos los que existían en Egipto. Estaban abiertos para que el sol penetrase en sus amplios patios.

El culto a Atón como deidad única no se mantuvo más allá de la muerte de Akhenatón, fallecido alrededor del año 1335 a.C. Su ciudad y los templos dedicados a Atón fueron arrasados, si bien perduraron en el arte egipcio las corrientes artísticas naturalistas que impuso Akhenatón, basadas en expresiones y situaciones más reales que las que habían imperado hasta este momento en el arte egipcio y que se habían, prácticamente, mantenido igual desde hacía cientos de años.

Atum

Se le considera el primer dios surgido del montículo primigenio. Conocido como el "Señor de Heliópolis", parece que su nombre quiere indicar "el que surge por sí mismo" o "el que viene a la vida por sí mismo".

Muy pronto, creó con su semen, a otros dioses, y aunque no tenía una pareja femenina, para evitar su soledad como ser único en las aguas del caos, engendró a dos gemelos: Shu, el Aire y Tefnut, la Humedad.

Uno de los mitos relativos a este dios dice que los dos gemelos, en lugar de quedarse junto a su padre y creador, se acabaron por escapar y Atum se quedó muy triste, otra vez solo. Entonces se extrajo uno de sus ojos, lo dotó de vida y poder hasta convertirlo en una diosa, a la que se identificó con Hathor o Sejmet, y la envió a buscar a sus hijos. Cuando por fin los encontró, los llevó de regreso junto a su progenitor, que al verlos, lloró de alegría. Las lágrimas de este dios primigenio cayeron sobre la Tierra y de ellas, nacieron los primeros seres vivos.

Agradecido Atum a su ojo por haberle prestado tan buenos y singulares servicios, lo devolvió a su sitio bajo la forma de una cobra y prometió a esta nueva hija suya que sería temida por los dioses y los hombres. La cobra figuraría, por siempre, en la corona de los faraones.

- B -

Ba

El *ba* estaba considerado como el espíritu o la personalidad individual de cada persona. Cuando moría no permanecía en el cuerpo, sino que tomaba la forma de un ave con cabeza humana que podía volar, o entar y salir de la tumba.

Baal

Es el más importante de los dioses importados al panteón egipcio. De origen sirio, representa al terrible dios de la guerra, así como al sol abrasador que todo lo destruye y los terrores del inmisericorde desierto.

Parece que este dios penetró en Egipto en la XVIII Dinastía, después de que este país sostuviera una guerra de siglos contra Siria. Difíciles enemigos, los egipcios consideraron que si los sirios resistían tanto, se debía, sin duda, a la fuerza de su divinidad protectora nacional que encarnaba Baal.

Los Ramésidas le respetaron y tenían a gala decir que eran tan valientes y poderosos aquí en la tierra como Baal en el cielo. Bajo Ramsés II se le levantó un templo en Tanis. No se conocen bien los ritos que se le dedicaban, aunque sí que se le identificó con Set y se le representaba, al igual que a este dios, con la forma de un animal extraño.

Babuino, El

Este mono estaba asociado al dios Thot y también al dios del Sol, pues con sus aullidos anunciaba el amanecer. Se le suele representar en muchos relieves de los templos dedicados a estas dos divinidades y muchos monos vivían en los templos dedicados a las deidades lunares.

Bastet

Era la diosa gato, o leona, venerada, de manera especial, en Bubastis, donde tenía su centro de culto. Representaba el calor benéfico del sol y la fertilidad, así como la calidez del hogar.

Se la conocía como "la del frasco de ungüento", o también como "la desgarradora", cuando se la representaba como una leona, con un cetro en la mano, pero perdió pronto estas connotaciones de fiereza y pasó a ser una mujer con cabeza de gato que lleva en una de sus manos un *sistrum*, instrumento musical de sonido parecido a las carracas.

En ocasiones se la asociaba a Hathor, cuando convertida en una leona actuó sobre la tierra, pero que acabó convirtiéndose en una plácida gata cuando, después de una escapada, regresó con Thot hacia el reino de Egipto que era su patria.

La veneración por los gatos en el antiguo Egipto era muy grande. Tanto como reencarnación de Bastet o como mascotas, gozaban de gran respeto y reverencia. Al morir sus amos les momificaban y siempre que podían los llevaban a enterrar a Bubastis, al templo rojo de la diosa gato. En señal de luto, la familia que perdía a su gato, se rapaba las cejas y guardaba luto por el animal muerto.

En honor de Bastet se celebraba uno de los festivales religiosos más concurridos de todo el país, en los que reinaba la alegría y corría el vino. El relato de Heródoto sobre este festival, al que acudían gentes de todo el país, y la costumbre de embalsamar y enterrar a los gatos con toda solemnidad, se consideró una simple fabulación, hasta que en 1887, se descubrió el emplazamiento del templo de Bastet. En las catacumbas de este templo, se halló una necrópolis gatuna de dimensiones inmensas. Se habla de que más de trescientos mil gatos dormían allí su sueño eterno. También en otros templos faraónicos se encontraron enterramientos de gatos, lo que venía a demostrar que se adoraba a Bastet, fuera de Bubastis, situada en el Egipto inferior y que su culto era común en todo el país.

Benben

En Heliópolis se daba este nombre a una formación rocosa que se veneraba como el semen petrificado del dios Atum, donde según la tradición, cayeron los primeros rayos de sol.

Benbennet

Era la punta de las pirámides, el extremo más aguzado que solía estar recubierto de oro y se concebía como una prolongación del *benben* original. Si los enterramientos reales adoptaron la forma piramidal fue, precisamente, en honor al montículo primigenio, al que recordaba la pirámide.

Bennu

Los egipcios veneraban a un ave, de la especie de la garza real, al que llamaban *bennu*. Está identificado como el Sol, o como un símbolo del Sol naciente y poniente. En ocasiones se le asociaba a Atum y bajo la forma de una garza, se la representaba volando sobre las aguas primitivas del caos.

Acerca de esta ave se crearon muchas fábulas, que nos son conocidas a través de Heródoto y Plinio. Se creía que originó el mito del ave fénix, del que no existía otro igual y que renacía, perpetuamente, de sus cenizas. Se le asociaba con la vuelta a la vida y con la buena suerte.

Bes

Divinidad de origen africano, de aspecto grotesco que, en el transcurso del tiempo experimentó muchos cambios desde su concepción original.

Se le representaba como un enano deforme, con las piernas arqueadas, una enorme barriga y una cara barbuda. Tenía los labios muy gruesos y, de entre ellos, sobresalía la lengua. En algunas representaciones llevaba, en la cabeza, una tiara de plumas. Vestía una piel de pantera, cuya cola colgaba en la parte posterior de aquel extraño cuerpo. Curiosamente se le ilustra de frente, no de perfil como era habitual en el arte egipcio.

Su culto se mantuvo durante mucho tiempo, desde los días del Imperio Antiguo, hasta la época romana y su influencia puede apreciarse en las demostraciones de arte alejandrino, helénico y fenicio.

Bes estaba asociado al nacimiento y aparece, a menudo representado en las "casas del Nacimiento" de los templos egipcios, donde se suponía que había nacido el faraón o donde se había convertido en dios. Cuando el niño crecía, Bes era la divinidad que le entretenía, jugando y bailando con él. Por eso pasó a ser considerado como el dios de la danza, de la música y la alegría. Sin embargo, también se le llegó a asociar con Horus y entonces se le ilustraba con todos los atributos de este dios. Se convirtió en una dedidad vengadora, que llevaba una enorme daga para arrancar el corazón a los malvados. Pero, a pesar de lucir un aspecto tan terrible, siempre se le consideró un dios alegre para los seres buenos y un aliado fiel en la diversión.

- C -

Canopos, Vasos

Recipientes en los que se guardaban las vísceras de los muertos que se extraían del cuerpo en el proceso de momificación. Su nombre les viene por la asociación con las vasijas que tenían forma de cabeza humana y que se veneraban en Canopus, como manisfetaciones de Osiris.

Estos vasos, en número de cuatro, estaban bajo la protección de los hijos de Horus, y cada uno custodiaba una víscera distinta. El hígado estaba al cuidado de Imseti y su vaso tenía cabeza humana; los pulmones, eran cosa de

Hapi, con cabeza de babuino; el estómago era custodiado por Duamutef, con cabeza de chacal y los intestinos por Qebehsenuef, el de la cabeza de águila.

Carnero de Mendes, El

Se le veneraba, al igual que al buey Apis, en algunos lugares de Egipto, como personificación de Osiris, del Sol de Ra o del gran dios del Carnero del Sur y de la isla Elefantina, Khnemu o Jnum.

Su culto alcanzó gran popularidad e influencia en Hermópolis, Licópolis y Mendes. Según estas ciudades cobraron importancia y se enriquecieron, los sacerdotes de esta divinidad animal, llegaron a ser tan ricos como poderosos.

Cocodrilo, El

Era uno de los animales sagrados venerados en Egipto. Se le tenía como la encarnación del dios Sebek y, sin duda, el temor que inspiraba esta criatura, hizo que se le rindiera culto para huir de sus depredaciones y estar a bien con ella.

En su representación más benévola se le asoció a Ra y a Osiris, porque según la tradición, llevó al dios de los muertos, cuando su cuerpo fue arrojado al Nilo, sobre su lomo, hasta que depositó el cofre que lo contenía, en tierra firme. Pero casi siempre prevaleció su lado más oscuro, y ahí se le identificó con el perverso Set. Los poderes de la oscuridad están representados por cuatro cocodrilos, que, en el *Libro de los Muertos*, se ven amenazando a los difuntos.

Como personificación de Sebek, en los *Textos de las Pirámides*, es el que infunde vida a los muertos y reanima sus facultades, les guía en esa nueva vida que desconocen y quien les ayuda a derrotar a Set que busca la perdición de las almas buenas.

Se le atribuyen múltiples personalidades y le encontramos participando en los ritos del resto de los dioses del panteón egipcio.

Se le veneraba en Krokodilópolis, en Fayum, y en Estra. Eran sagrados en Tebas y en el lago Moeris. En sus templos había grandes lagos donde vivían uno o más cocodrilos, que recibían hermosas joyas de sus devotos y también ofrendas de comida y bebida que sus sacerdotes les hacían llegar. La representación del dios Sebek era la de un hombre con cabeza de cocodrilo, sobre la que luce el disco solar y las plumas erectas de Amón.

- D -

Dua

La puerta del amanecer, por la que cada día reaparecía el Sol, estaba custodiada por dos leones. Uno de ellos era Dua, y era el león al que se identificaba con la "Mañana".

Duat, El

Era el mundo de las sombras, la zona oscura por la que cada noche, Ra, el dios de Sol, hacía su viaje nocturno, desde el ocaso, para amanecer al día siguiente y seguir iluminando a la Tierra con sus poderosos rayos.

El *duat* estaba lleno de peligros, de monstruos que intentaban interferir en el camino de Ra, entre ellos, la serpiente Apofis, a la que el dios tenía que vencer, cada noche, para poder renacer, todos los días.

- E -

Enéada, La

Grupo de nueve divinidades primigenias adoradas en Heliópolis y que corresponden a los dioses: Atum, Shu, el Aire, Tefnut, la Humedad, Geb, la Tierra y Nut, el Cielo, con sus cuatro hijos: Osiris, Set, Isis y Neftis. En algunas versiones, también se incluye como hijo a Horus.

Escarabajo sagrado

En el escarabajo pelotero veían los egipcios una alegoría del movimiento del Sol a través del cielo. La observación de las costumbres de este animal, les llevó a la conclusión de que el escarabajo se creaba a sí mismo.

El escarabajo deposita sus huevos en una bola o pelota de excrementos y lo lleva, empujando hasta su nido, donde se incuba con el calor del sol, lo que les sugirió la idea de la autocreación. También el primer vuelo de la larva del escarabajo tenía una lectura mítica, pues simbolizaba la salida del Sol en el horizonte, siendo la encarnación del Sol del amanecer, llamado Jepri.

Jepri era representado, a menudo, con la forma de un escarabajo, o con una figura humana y una cabeza de escarabajo.

Se convirtió en un objeto decorativo, pero sobre todo, en un amuleto poderoso que, colocado sobre el corazón del difunto, le protegía en el mundo del más allá e impedía al muerto que, en el juicio de Osiris, testificase en su contra. En ocasiones se grababan en su cara inferior, los acontecimientos importantes de un reinado, o algún hito a destacar. Su popularidad se produjo a partir del Imperio Medio, hacia el año 1980 a.C., aproximadamente.

Se fabricaban en los materiales más variados, desde la piedra, al oro y la plata o formando parte de hermosísimos medallones. Incluso los había tallados en piedras preciosas, pero los más comunes y de fácil acceso a todos los bolsillos eran de *fayenza*, que es una cerámica esmaltada azul.

- G -

Gato, El

Considerado la encarnación de la diosa Bastet, aparece a lo largo de toda la mitología egipcia y es de naturaleza benévola.

En el *Libro de los Muertos* es un gato el que corta la cabeza a la malvada serpiente de la oscuridad y ayuda a Osiris a deshacerse de sus enemigos.

Los gatos gozaban de gran veneración, se les alimentaba con pan y leche, así como con pescados del Nilo. Al morir se les embalsamaba y se les llevaba a enterrar a Bubastis, en el templo de Bastet, su diosa. La familia que perdía su gato le hacía un gran duelo y aquel que se atrevía a dañar o a matar a un gato, pagaba con su vida el atrevimiento, aunque hubiese actuado de forma accidental.

Geb

De la unión de los primeros gemelos divinos, creados por Atum, Shu y Tefnut, nacieron Geb, la Tierra y Nut, el Cielo.

Geb y Nut estaban tan unidos que no quedaba espacio entre ellos y privaban al mundo de la atmósfera. A su abuelo Atum esta pasión ilícita no le gustó nada, y lleno de ira, mandó que Shu, el dios del Aire y padre de ambos, que los separase. Para proceder a esta operación, Shu se colocó sobre Geb, sosteniendo la cabeza de Nut de manera que no pudieran tocarse el uno al otro. Pero Geb, la Tierra, ya había dejado preñada a Nut, el Cielo, y tras no pocos problemas y con los buenos oficios del dios Thot, Nut consiguió alumbrar a los cuatro hijos de Geb: Osiris y Set, Isis y Neftis y tal vez también a Horus, según algunas versiones.

- H -

Halcón, El

El halcón era una de las aves sagradas, asociadas a dos de los más importantes dioses, Ra y Horus. Esta dos deidades solía representárselas con cabeza de halcón, y la identificación de esta ave con el Sol, provenía desde los tiempos más arcaicos.

Posiblemente, debido a las alturas que puede alcanzar, parecía que su vuelo podía alcanzar el sol y de ahí que se le relacionase con las divinidades asociadas al astro rey.

Hapi

Esta deidad estaba relacionada con el río Nilo, el "padre" del país del Nilo. Por ese motivo tenía gran importancia en el panteón egipcio y se le acabó asimilando a Osiris, ya que también este dios representaba la resurrección y la vida. Es posible que se trate de una divinidad predinástica, y su nombre es difícil de descifrar o traducir.

A Hapi se le atribuyen valores femeninos y masculinos. Como dios del Norte del Nilo se le representa coronado de papiros, y como dios del Sur, se le corona con plantas de loto.

El hecho de que los antiguos egipcios desconociesen las fuentes del Nilo, añadía misterio y prestigio a la divinidad que lo presidía y que, cada año, les bendecía con las inundaciones periódicas que daban la fertilidad al país. Cuando tenían lugar estas subidas de aguas, se celebraba un gran festival en honor de Hapi y sus imágenes se paseaban por los pueblos y ciudades, donde se les rendía culto y se les veneraba pidiéndoles frutos abundantes.

Hathor

Divinidad protectora considerada como la diosa del amor, la belleza, la fecundidad y la embriaguez. Era, además, la "Señora del Oeste" y por lo tanto también era una deidad funeraria.

Nacida de un ojo de Ra, podía presentar muchas formas: apariencia humana o de vaca, como una leona o incluso como una serpiente o un sicomoro. También podía adoptar la figura de la terrible Sejmet, con cabeza de leona, que a punto estuvo de acabar con el género humano. Mediante una treta, Ra consiguió que cejase en su furor homicida. La engañó cubriendo los campos con una composición a base de ocre rojo, cerveza y alcohol, que parecía sangre. Al descender sobre ellos, la diosa perdió el sentido y desde entonces, se la consideró la diosa de la embriaguez.

Se la asociaba con el nacimiento de los faraones y estaba considerada, junto a Isis y Mut, como una de las grandes madres. Hathor era la esposa de Horus, y el faraón, como encarnación de Horus en la tierra, se le solía llamar "el hijo de Hathor". Era muy venerada, casi tanto como Isis, y al final, en epocas tardías, se fundieron en una sola divinidad.

Alcanzó gran popularidad como diosa del amor y la belleza, enemiga del mal, y diosa, también de la música y la danza. "La de la hermosa cabellera" "la Señora del Cielo" o "la Dorada", eran algunos de los nombres con los que se la conocía. Llevaba un *sistrum* en la mano y la cabeza estaba coronada por los cuernos de un vaca. Era tan hermosa, que logró animar a Ra, sumido en una profunda depresión, bailando desnuda ante él.

Los griegos la asociaron a su Afrodita y se la veneraba también en Byblos y en la península del Sinaí, donde existían grandes minas de turquesas. Como todo lo bueno se le adjudicaba a Hathor, allí se la llamaba "la Señora de las Turquesas".

Como diosa funeraria, era muy popular en Tebas. Cuando los muertos llegaban al mundo del más allá, Hathor estaba allí para alimentarlos, darles de beber, y protegerlos bajo su túnica de todos los peligros que podían salirles al paso, siempre que se tratase de almas buenas.

Heket

Está relacionada con el parto, y era la diosa a las que las mujeres dirigían sus plegarias en los últimos momentos antes de producirse el alumbramiento. A las comadronas se las conocía como "las siervas de Heket".

Parece que formaba parte de las divinidades más primitivas y solía adoptar la apariencia de una rana. Este aspecto singular hacía referencia a la prosperidad que traían a Egipto las aguas del Nilo. Las ranas se quedaban escondidas entre el barro que conservaba el frescor y, al año siguiente, cuando las crecidas se producían de nuevo, salían de su letargo, por lo que parecía que surgieran de manera milagrosa.

La rana era venerada desde la época predinástica como símbolo de la generación de vida, el nacimiento y la fecundidad. Era el culto más antiguo de Egipto y estaba relacionado con el mito de la creación.

Henkhisesui

Era la deidad menor que representaba al viento del del Este. En ocasiones se la representa con forma antropomórfica y otras veces, con la un carnero, pero también es frecuente encontrarlo como un escarabajo alado con la cabeza de un carnero

Hipopótamo

Este poderoso animal estaba sociado a la diosa Taweret, y era objeto de veneración por parte de los antiguos egipcios. Esta diosa estaba considerada como la protectora de las mujeres embarazadas y se la representaba bajo la forma de este animal, o con la cabeza de hipopótamo y cuerpo femenino con el vientre muy abultado, señalando así el estado de preñez.

En ocasiones se la considera una de las esposas de Set, pero cuando su marido se enfrentó a Horus por el dominio de la Tierra, Taweret se puso al lado de Horus. Tenía poderes mágicos y se la invocaba para que el embarazo tranquilo y sin problemas.

A veces se la conoce con el nombre de Tahurt, y al final, se la identificó con casi todas las diosas del panteón egipcio. Sus atributos eran de benevolencia y de protección.

Horus

Hijo de Isis y Osiris era una de las divinidades más complejas. Se le representaba con forma de halcón o bien como un hombre con cabeza de halcón. Muy venerado, se le tenía por el dios del cielo y del oriente. Su ojo izquierdo era la Luna y su ojo derecho, el Sol.

Uno de los mitos sobre Horus, es aquel en el que se relata uno de los muchos capítulos de los enfrentamientos que tuvo con su tío Set. Su malvado pariente le arrancó los dos ojos, y la diosa Hathor, con su magia poderosa, le devolvió la vista. En otras versiones se dice que sólo perdió el ojo izquierdo, el de la Luna, y fue curado por Thot, en una de numerosas intervenciones como dios de la curación, de la paz y de la Luna.

Gozaba de gran veneración en todo el país y eran incontables los templos a él dedicados. Los egipcios apreciaban en él la devoción y el respeto que este dios sentía por su padre, Osiris. Fue él quien determinó los detalles de la momificación del cuerpo de su padre escarnecido y fijó el modelo de cómo debía ser un hijo devoto de su padre. Bajo este aspecto se le consideraba un auxiliar de los muertos, y se creía que era su mediador ante los jueces. En esta labor estaba auxiliado por un cierto número de asistentes, llamados "los seguidores de Horus" y se les consideraba como los dioses de los puntos cardinales. En algunas versiones se decía que se trataba de sus cuatro hijos, los guardianes de los vasos canopos.

Encarna la idea de la condición divina del faraón, al que simbolizaba en vida, mientras que su padre, Osiris, representaba al faraón muerto.

Horus o Heru, se podría traducir como por "el que está arriba", y tenía muchas formas. Como Horus el Anciano, presentaba la cabeza de halcón y se le creía hijo de Geb y Nut. El Horus Joven estaba representado por la imagen de un hombre joven. Los griegos lo conocieron como

Harpócrates. El Horus Joven era la personificación de los primeros rayos del Sol, del Sol naciente y, a su vez, tenía como esta personificación, otras siete "caras". La más importante era la del Horus de los dos Horizontes, y representaba al Sol en su viaje diurno, desde el alba al ocaso. Se le asociaba a otros dioses como Ra, Tem y Khepera, y es muy posible, que las distintas denominaciones de Horus, correspondieran a cultos locales en diversos lugares de Egipto.

Hu

Los sentidos corporales también estaban deificados en Egipto, y la deidad correspondiente al gusto era Hu. Estaba representado como un hombre y por la forma de una gota de sangre. A veces se personificaba en los alimentos divino de los dioses y de los bienaventurados.

Huzayui

Es el viento del Oeste. Se le representaba con un cuerpo de hombre alado que tenía una cabeza de serpiente.

- I -

Ibis, El

Entre los pájaros más venerados de Egipto se encontraba el ibis. Estaba asociado al dios Thot y a la Luna, en épocas muy trempranas se le adoraba, de manera especial, en Hermópolis.

Como ofrenda a Thot, se le momificaba y se han hallado necrópolis con cantidades inmensas de estas aves, que incluso acompañaban a los devotos del dios de la sabiduría a tumba.

I-em-hetp

Estaba considerado como el dios de la medicina, el que tenía el poder de curar al hombre, y su nombre vendría a significar algo así como "ven en son de paz".

Algunos mitógrafos diecen que formaba parte de la gran tríada de Menfis, pues sería hijo de Ptah. Algunos veces lo vemos con una calavera en la cabeza y otras con un papiro colocado ante él, simbolizando el estudio, por lo que se llegó a pensar si sería, también, una divinidad del aprendizaje, pero siempre fue más popular como dios de la medicina. También se le atribuyó un carácter funerario, pues es muy posible que los médicos intervinieran en los procesos de embalsamamiento.

Podría ser que esta deidad correspondiese a un médico real, especialmente hábil en sus curaciones y que acabase siendo divinizado por sus dotes. Fue especialmente venerado y considerado en períodos saítas y ptlomeicos.

Isis

Isis es tal vez la divinidad femenina más primitiva y más importante del panteón egipcio. Ninguna otra deidad ha sido venerada durante tan largo tiempo, ya que parece que su culto se mantuvo más allá de la caída del resto de los dioses egipcios, ni tuvo tantos devotos entre todas las clases sociales, desde la realeza al más ínfimo de los esclavos. Se la veneró en Grecia, en Roma, que llevó su culto a todos los rincones de su Imperio, e incluso se dice, que todavía se le rinde culto en la actualidad. En los primeros tiempos del cristianismo, muchos de los atributos de esta diosa fueron incorporados al culto de la Virgen María, lo que puede dar una idea de la veneración y el respeto que se le tenía a esta diosa.

Puede que fuera de origen libio y suele representarse como una mujer llevando en la mano un cetro de papiro. Su corona está adornada por cuernos que llevan un disco. También aparece alada, alas con las que insuflará a su esposo Osiris, nueva vida, después de la muerte cruel que le ha dado su hermano y enemigo, Set.

Todas las virtudes, todos los poderes, incluso el de la magia, son atribuidos a Isis. Fiel esposa que busca los restos de su amado hasta encontrarlos y devolverlos a la vida. Madre abnegada de Horus, al que concibe de Osiris, y al que ayudará siempre, en las condiciones más adversas y al que perdonará, con amor de madre, cuando Horus se porte mal con ella. Representación y propiciadora del trigo, alimento universal, viento matinal de donde nace el Sol, deidad de los campos cultivados y de la vendimia, fuerza de la primavera, de la renovación, de la vida y la naturaleza.

Diosa benefactora de las madres y del afecto más íntimo, todos los atributos de las demás diosas acabaron por ser asimilados a Isis.

- J -

Jepri
Era una de las representaciones de Ra, el Sol desde el amanecer hasta el mediodía, y aparecía con la forma de un escarabajo pelotero.

Jnum o Khneum
Estaba considerado como el "artesano divino", el que modeló a los primeros seres humanos con su torno de

alfarero. Este mito de la creación humana provenía de la isla Elefantina, donde se veneraba a esta divinidad, formando una tríada con las diosas Satet y Anqet.

Y no sólo creó a los egipcios, sino al resto de los hombres que pueblan la Tierra. Modelaba dos seres exactamente iguales, uno era el ser mortal y el otro correspondía al espíritu. Ambos modelos se fundían en uno solo en el momento del nacimiento.

Se le representaba con cabeza de carnero, e intervenía en el rito en el que el dios Amón se unía a la madre del faraón para transmitirle la divinidad al monarca reinante, en el festival de Opet.

Era una deidad adorada desde tiempos muy antiguos y era el dios de la Primera Catarata. En principio debió ser un dios de los ríos, y posteriormente dios del Nilo al igual que Hapi. En algunos textos se le menciona como "padre de los padres de los dioses y las diosas, señor de las cosas creadas por él mismo, creador del cielo y la tierra y el *duat* y el agua y las montañas". Es lógico que se considerase así ya que el río Nilo era el dador de la vida a todo el país.

- K -

Ka

Era la fuerza vital o el alma del individuo. Tenía una importancia capital, por eso cuando Jnum modelaba a los hombres, hacía dos seres idénticos, representando el cuerpo y el alma o el *ka*. De la unión del *ba* y el *ka*, dependía qué el egipcio alcanzase la forma última y más perfecta de existencia para toda la eternidad. A veces se le representaba en forma de ave, con la posibilidad de salir de la tumba y de visitar el mundo de los vivos.

Khonsu o Jonsu

A menudo identificado con Thot, se trataba de un dios lunar. Su nombre deriva de la raíz *khens*, "cruzar", lo que señalaría que era una deidad que cruzaba los cielos nocturnos. A veces se le conocía, como en Edfú y Hermópolis, con el nombre compuesto de Khonsu-Thot, y estaba representado como un hombre con cabeza de halcón coronado por la media luna y el disco solar y es que, en algunas versiones, encontramos a un Khonsu fusionado con Ra, con Horus y hasta con Shu.

Ramsés III le construyó un gran templo en Tebas, situado entre los de Amón y su consorte Mut. Khonsu o Jonsu tenía dos personalidades, y una de ellas era la que expulsaba demonios y espíritus malignos que poseían a los hombres causándoles enfermedades. En este caso, la actuación del Khonsu exorcista, les procuraba la sanación, como ocurrió con una princesa hitita que sólo pudo curarse cuando la imagen de este dios se trasladó a su país y ella se puso bajo su protección.

- L -

Loto, El

Parece que fue la única flor a la que veneraron los egipcios y su presencia es constante como elemento decorativo en todas las artes.

Del cáliz de la flor del loto surgía el niño Horus, el "Sol Naciente", símbolo de la resurrección. En los altares de las ofrendas había siempre ramilletes de loto, y muchas diosas, especialmente las del amor y la belleza, llevaban lotos en sus manos.

León, El

Identificado con divinidades solares, era un animal venerado desde la época dinástica, por su fuerza y valor. El Delta era el hogar de los leones egipcios y su centro de culto se encontraba en Leontópolis. Allí los leones sagrados eran alimentados con animales sacrificados para este fin. Mientras los animales comían, los sacerdotes dedicados a su culto, salmodiaban oraciones y plegarias. También existían lugares sagrados para los leones en el templo de Heliópolis y otros lugares del país.

Un antiquísimo dios de los leones, conocido como Aker, parece que custodiaba la puerta por donde salía el Sol, cada manaña. Y de ahí vendría la costumbre de colocar estatuas de leones guardando las puertas principales de los templos, palacios y tumbas.

Existían muchas divinidades, masculinas y femeninas, con cabeza de león o leona, especialmente aquellas a las que se identificaba con la guerra o con el poder de la fuerza. Fue un animal también asociado al mundo funerario, ya que la cabeza del féretro solía tener la forma de la cabeza de un león.

Sin embargo, los leones extranjeros, no gozaban de la misma impunidad que los egipcios, y los faraones no dudaban en cazarlos, allende de las fronteras de su país. Ramsés II y Ramsés III, tenían un león amaestrado que llevaban con ellos a las batallas, y en caso necesario, estos leones atacaban a los enemigos con ferocidad.

- M -

Maa

Era el dios del sentido de la vista. Divinidad menor, su representación era la de un hombre que llevaba, sobre la cabeza, un gran ojo.

Maat o Ma´at

Fue una de las diosas primitivas que ya navegaba en compañía de Thot, cuando surgió la barca de Ra de las aguas del abismo primitivo de Nu.

Parece que el nombre significa "aquello que es recto" y así a esta divinidad se la identificó con el equilibrio, la ley, el orden y la verdad. La palabra "maat" llegó a designar, en el antiguo Egipto, todo lo que era cierto y la propia definición de "verdad". Representaba el orden que hacía que, día tras día, amaneciese y luciese el Sol y en este sentido se la llamó " hija de Ra" y "el ojo de Ra". Su poder moral era grandísimo y en algunos momentos de la historia egipcia, se la consideró como el destino individual de cada persona. Estaba en la sala del mundo de las sombras cuya puerta era vigilada por el dios Anubis.

A la dios Maat se la representaba con la pluma de avestruz, bien en su mano o bien coronada con ella. Posiblemente, como la pluma consta de dos partes iguales, se ha considerado un emblema perfecto del equilibrio.

Mandjet

Barca del dios Ra con la que recorría el cielo durante el día.

Mesjenet

Era otra de las divinidades protectoras del alumbramiento. Se la identificaba con el "ladrillo del parto" sobre el que daban a luz las mujeres egipcias, que habitualmente lo hacían en cuclillas.

Se le atribuía el poder de predecir el destino del niño desde el mismo instante de su llegada al mundo. Su protección en el momento del parto se prolongaba en el más allá, pues esta divinidad ayudaba a los muertos a volver a la vida.

Mesketet

Conocida también como "la barca de los millones", era la embarcación con la que Ra viaja atravesando el *duat*, en las horas nocturnas. Estaba acompañado por divinidades menores que le ayudaban en la navegación, así como por faraones muertos y todos aquellos bienaventurados que gozaban ya del favor de los dioses.

Montu

Montu era otro dios de la guerra, venerado en Tebas y representado con cabeza de halcón y un disco solar sobre la misma. Este dios formaba parte o, más bien podría decirse, que se identificaba con el espíritu guerrero del faraón. Como es natural fue más adorado por aquellos monarcas que eran belicosos que por los que no lo eran tanto.

Amenemhet II, durante el Imperio Medio, hizo ofrenda a los sacerdotes de esta divinidad, de cuatro cofres llenos de tesoros que procedían de Siria, del mar Egeo y de Mesopotamia, simbolizando el poder de Egipto, en aquellos momentos, sobre las naciones extranjeras, muchas de las cuales eran tributarias de este país.

Mut

Esposa de Amón Ra, esta diosa estaba considerada como "la madre del mundo". Su representación era la de una mujer que llevaba sobre su cabeza las dos coronas: la del Alto y Bajo Egipto, con un cetro de papiro en las manos. Algunas veces también aparece dotada con alas o con cabezas de buitres sobre los hombros.

Al igual que su divino esposo, está adornada de todo tipo de atributos, humanos y animales y tambien se le adjudicaron los atributos debidos a otras diosas, incluso los de las diosas Hathor y Taweret, deidad del embarazo y los de otras deidades relacionadas con la maternidad.

Se la veneraba, de manera especial, en Tebas donde su templo estaba situado cerca del de su esposo. Se la llamaba "la dama del cielo" y la "reina de los dioses", compartiendo esta titularidad con Amón Ra. Su símbolo jeroglífico era el buitre y este animal se incluyó en las coronas de las reinas de Egipto, para resaltar que eran madres de futuros dioses. Sin embargo, en la versión tebana del *Libro de los Muertos* sólo se la nombra una vez, lo que no deja de sorprender, pues es seguro que la casta sacerdotal de Amón debió encarecer mucho su culto y veneración.

Mut

Con este nombre se conocía, también, a las almas que habían sido perturbadas en su descanso eterno y vagaban por el mundo, causando pesadillas, e incluso enfermedades a los vivos.

Aquellos mortales, mal intencionados, y que querían provocar el daño a los demás o a personas concretas, invocaban al *mut*, mediante ritos complicados y plegarias extrañas, acompañadas, a veces, por algún resto del difunto al que pertenecía el *mut* como por ejemplo algún mechón de pelo o vello del cuerpo.

Los egipcios estaban muy preocupados porque nada ni nadie perturbase la paz de sus enterramientos, pues temían convertirse en esas "almas errantes", inquietas, sin sosiego que sólo provocaban el mal. Pero, parece que a lo largo de los siglos, aquellos que se enterraban con mayores riquezas, fueron muy pronto "perturbados" por ladrones de tumbas, y los que no lo fueron entonces, lo han sido en los siglos recientes, a través de las piquetas de los arqueólogos, que han irrumpido, tanto en tumbas de ricos, como en enterramientos de pobres.

- N -

Nefer-tem

Está considerado como de Ptah y Sekhemt, o de Ptah y Bastet, y en algunas versiones, forma parte de la tríada de Menfis, junto a sus padres. Sus atributos no nos son bien conocidos, aunque, posiblemente, simboliza el joven Tem, como dios del Sol naciente. También hay mitógrafos que dicen que está simbolizado por el loto, porque en el Delta, parecía que el Sol salía de los lechos de esta plata. En épocas tardías se fue identificando con diversas divinidades hasta que pasó a formar parte de una de las formas de Horus o de Thot.

Su representación era la de esa misma flor de loto en tiempos más primitivos, para luego pasar a ser un hombre con una corona de plumas que está de pie sobre un león o el cuerpo de una momia que tiene cabeza de león.

Neftis

Esposa y hermana de Set, hermana también de Osiris e Isis, como todos ellos era hija de Geb y Nut. Es también la madre de Anubis, cuya paternidad no se sabe bien si pertenece a Set o a Osiris.

Su nombre significa algo así como "la señora de la casa", y aun siendo esposa de Set, será siempre fiel a su hermana con la que compartirá el dolor por la muerte de Osiris y le ayudará en la búsqueda sus restos. Ambas hermanas asistirán al embalsamamiento del cuerpo del dios del mundo de los muertos por Anubis y con ella estará en la sala del juicio donde se pesan los corazones. Al menos así se dice en el *Libro de los Muertos*.

Se la considera poseedora, como Isis, de poderes mágicos. Algunas versiones quieren oponer a Isis, como representante de la fertilidad, la figura de Neftis como representación de la corrupción. No se conocen bien los atributos de esta diosa, pero parece que se le adjudicó el concepto de la "muerte que no es eterna" y ante la que, siempre, existe la esperanza de la resurrección en el mundo del más allá.

En períodos tardíos, Neftis e Isis, eran representadas por sacerdotisas, con las cabezas rapadas y guirnaldas trenzadas hechas con lana de carnero, otro animal sagrado. En uno de los brazos, cada una llevaba una cinta dedicada a Isis y otra dedicada a su hermana Neftis.

Neit

Primitivamente esta diosa era una deidad arquera del Delta, a la que se representaba con un escudo y flechas entrecruzadas. En ese aspecto, era pues temible, pero su sentido de la justicia hizo que, a menudo, intervinera para dirimir las discusiones y los conflictos entre los mismos dioses. Su opinión fue de vital importancia en las luchas que mantuvieron Set y Horus. Se la identificó con la sabiduría y se la asoció a los ritos funerarios.

En algunas versiones se la consideraba la madre de Sobek, Isis, Ra y de la serpiente a Apofis. En algunos mitos se cree que fue el primer ser vivo que emergió del montículo primigenio.

Los griegos la asociaron a su diosa Afrodita y los romanos, a Diana.

Nun o Nu

Abismo primigenio, identificado con el caos, que estaba lleno de agua. O también aguas primigenias y masa acuosa del cielo.

Nut

La diosa Nut era la hija de Shu y Tefnut, esposa de Geb, la Tierra y ella misma, deidad del Cielo. Fue también la madre de Set y Osiris, Neftis e Isis y algunos creen que también de Horus. En ocasiones representaba, también, el gran abismo acuoso y se la consideraba esposa de Nu o Nun.

Se la representaba con cuernos y el disco de Hathor, pero generalmente, se la ilustraba como una mujer apoyada en las manos y los pies, formando con su cuerpo un arco, parecido a la forma de la bóveda celeste. Sus miembros eran los símbolos de los cuatro pilares en los que se creía, que estaba sustentado el cielo.

Originalmente estuvo unida de forma total a Geb que la dejó encinta de sus cuatro o cinco hijos. Atum, disgutado por esta relación, mandó al padre de Nut, Shu, que los separase y fue él quien la colocó en la postura de arco. Atum también la castigó a no poder alumbrar a sus hijos en ninguno de los días que componían el año egipcio, compuesto de trescientos sesenta días. Pero el dios Thot, que la amaba, se compadeció de ella y con una hábil estratagema, consiguió que pudiera dar a luz. Thot se jugó con los dioses, o en algunas versiones con la Luna, una partida en la que las apuestas eran el tiempo. Venció en todas las ocasiones y así les arrebató cinco días, en los que fueron naciendo los hijos de Nut, al tiempo que el calendario se veía completado con cinco días más.

Todas las noches Ra recorría su cuerpo, y diariamente, la diosa daba a luz a Ra. Las extremidades de la diosa estaban tachonadas de estrellas. En algunas versiones, dentro del cuerpo de Nut, aparece otra mujer y parece que quieren significar el cielo nocturno y diurno, y no faltan representaciones de Nut convertida en vaca.

En el *Libro de los Muertos*, los difuntos recibían de ella el aire fresco en el mundo de las sombras. Gracias a él, podían revivir y se la tenía en gran estima, ya que gracias a sus poderes vivificantes, podían elevarse y viajar con el dios del Sol. Por eso era frecuente que la imagen de la diosa se pintase en la tapa de los sarcófagos para implorar su protección y también se la invocaba en todos los entierros.

Tenía en Heliópolis un árbol sagrado, el sicomoro, en cuyas ramas podían descansar los muertos. Los sacerdotes de Dendera, decían que Nut era originaria de esta ciudad y que fue allí donde alumbró a Isis.

- O -

Ogdóada, La

En Hermópolis, en la parte sur del Egipto central, la Ogdóada era un grupo de ocho divinidades que habitaron las aguas primigenias del Nun, antes de que existiera el mundo.

Se trataba de cuatro dioses y cuatro diosas. Los dioses tomaron forma de ranas y las diosas, de serpiente, aunque, en ocasiones, se representaban con la figura de babuinos. Estaban emparejados entre sí y representaban cuatro aspectos distintos, anteriores a la creación del mundo. Nun y Naunet, eran el océano primigenio, Huh y Hauhet, simbolizaban el infinito, Kek y Kauket, eran la encarnación de la oscuridad y Amón y Amaunet, el poder oculto. Entre todos representaban lo intangible, aquello que no se podía ni ver ni tocar, eran la antítesis de la vida, de la creación, pero como parejas, con un componente masculino y otro femenino, sí podían originar la vida.

Osiris

Era el señor del mundo de los muertos, aunque también un dios de la fertilidad y de la agricultura, de la vuelta a la vida y guardián de las necrópolis.

Ocupaba uno de los lugares preferentes del panteón egipcio, y en su advocación como dios de la fertilidad, se le adoraba como la fuerza vital que reside en todos los seres vivos de la naturaleza. Por otro lado, al renacer después de que lo matase su hermano Set, se asimiló a la resurrección y a la vuelta a la vida, al tiempo que reinaba en el mundo subterráneo.

Era uno de los dioses más queridos y respetados de Egipto, venerado en todo el país, habida cuenta de la esperanza que este pueblo tenía en la vida eterna, en la vida del más allá. Su principal centro de culto se hallaba en Abydos, en el Alto Egipto, donde se decía que se encontró su cabeza, cuando Set desmembró su cuerpo muerto y fue esparciendo los trozos por los cuatro puntos cardinales de Egipto. Incluso se llegó a decir que la tumba del faraón Djer, hacia el año 2900 a.C., era, en realidad, el enterramiento del propio Osiris. También se le conocía como "el que mora en Heliópolis", centro del principal culta a Ra. Ambas divinidades, de gran importancia, se acabaron identificando en una sola.

No hay ningún dios egipcio cuya personalidad sea tan compleja, tan estudiada y, a la vez tan misteriosa, como la de Osiris. Deidad benevolente, a pesar de los oprobios y sufrimientos que le infringe su envidioso hermano Set, y que logra superar, aun después de muerto, gracias a los desvelos de su esposa y hermana Isis, que en compañía de Neftis, su otra hermana, buscará sus restos, los recompondrá y el dará un hálito de vida, suficiente para engendrar a Horus, que será el hijo que le vengará.

Parece que se trata de un dios de origen muy antiguo, pero se sabe que Hesepti, el quinto faraón de la I Dinastía ya aparece bailando ante Osiris. Resulta difícil descifrar el significado de su nombre y tampoco lo aclaran sus símbolos jeroglíficos, un trono y un ojo.

Dios y rey, grande y sabio, juzga a las almas que se presentan ante él para darles la eterna felicidad o para condenarles si han sido malvados en su vida terrenal.

Por ser el primer ser al que se momificó, se le solía representar como un cuerpo humano envuelto en vendas, como el cuerpo de las momias, tocado con las plumas de avestruz y el *ureo*, o cobra, símbolo de la realeza, sobre la corona, mientras que sobre su pecho, mantiene cruzados y sostenidos por sus manos, el báculo y el mayal, otros atributos de la realeza.

- P -

Ptah

Es el dios de la creación según el mito menfita y una de las divinidades creadoras más antiguas. Formaba parte de una tríada de dioses integrada por él, su esposa Sejmet o Sekhmet y su hijo Nefer-tem.

El acto creador de Ptah no se realizó por un acto físico como el de Atum al derramar su semen, sino que se debió a su acción intelectual, ya que dio forma a todas las cosas a partir de las ideas que salían de su corazón y les dio nombre e identidad con las palabras que salían de su boca. El corazón, para el antiguo Egipto, era el lugar donde residían, no sólo los sentimientos, sino el intelecto, y, por tanto, la fuente del pensamiento que se veía traducido por la palabra. De esta forma el gran Ptah creó al resto de los dioses, las ciudades, los templos y palacios y los *nomos* o provincias, todo a partir de la palabra. Así pues, la presencia intelectual de Ptah se encontraba implícita en todo cuanto puebla la tierra y en todos los dioses del panteón egipcio.

A pesar de su importancia creadora, de ser el gran dios de

la poderosa Menfis, nunca ocupó el lugar más alto entre los dioses, pero se le veneró en todo Egipto. En el período tardío, entre 712-332 a.C., se le asimiló a otras deidades, convirtiéndose en Ptah-Sokar-Osiris y pasando a ser uno de los dioses del más allá. Los griegos lo identificaron su dios Hefesto, y los romanos a Vulcano, posiblemente porque según algunas versiones Ptah había construido la placa de metal que formaba la puerta del paraíso y el techo del cielo junto a los soportales que lo sostenían. Se le asocia a los artesanos, como dios protector de aquellos que se dedicaban a acividades de este tipo.

El nombre de Ptah podría significar "el que abre", aunque parece que su adaptación más correcta sería el de "escultor" o "grabador" y en el *Texto de la Pirámide de Teta* se se menciona como el dueño de un "taller".

Se le representa como a un hombre calvo, con barba, vistiendo ropas estrechas, como si estuviera embutido dentro de su túnica. Está de pie y del cuello cuelga el símbolo de la felicidad y junto con el símbolo común de la realeza y la divinidad, lleva también el de la estabilidad.

Perro, El

Aunque este animal gozaba de gran consideración en el antiguo Egipto, no se tiene constancia que representase la encarnación o personificación de ningún dios. Parece que, en tiempos pudo estar asociado al dios Anubis, y que la cabeza de chacal que llevaba este dios, fuese, en principio, una cabeza de perro, al que siempre se ha asociado a la fidelidad y al que también se le otorgaba la cualidad de ser un buen guía.

A veces, se le confunde con el lobo, que era muy venerado en Lycópolis, así como el perro lo era en Cynópolis.

- Q -

Qebui

Era la personificación del viento del Norte, al que se representaba como un carnero alado y con cuatro cabezas. Estaba considerado una deidad menor.

Quetesh o Qudshu

Originaria de Siria, parece que venerada allí como una diosa de la naturaleza, con ritos de tipo orgiástico. En Egipto se la identificó con una de las formas de Hathor, como diosa del amor y la belleza, así como también de la Luna.

Algunos mitógrafos creen que esta deidad no era más que una de las formas o advocaciones de Astarté. Su representación era la de una mujer desnuda, de pie sobre un león; en la mano derecha lleva flores de loto y un espejo, mientras que en la izquierda, sujeta a unas serpientes.

En unas inscripciones pertenecientes a las XVIII y XIX Dinastías, se la llama "la dama del cielo, la señora de todos los dioses, el ojo de Ra". A ella se le pedían los dones de la vida y de la salud, así como un entierro digno, al oeste de Tebas, lo que demuestra que era venerada en la capital del Estado egipcio.

- R -

Ra

Fue la divinidad suprema del antiguo Egipto. Regulaba el paso de las horas, los días, los meses, las estaciones y los años. Garantizaba el orden el universo y hacía posible la vida en la Tierra. Cuando cada día, aparecía en el horizonte, después de su viaje por el *duat*, era la demostración del carácter cíclico y siempre renovado de la creación. Pero esta manifestación solar no era más que una de las múltiples facetas que se atribuyeron a Ra, una de las cuales y de las más importantes fue la que se le consideraba el antepasado de los faraones.

El título de *sa re*, "hijo de Ra, lo introdujo el faraón Djedefre, de la

IV Dinastía, un momento en el que el culto al Sol se encontraba en su apogeo. Pero este culto no hizo más que crecer a lo largo de los siglos, de manera que se fue asociando a Ra con el resto de las grandes divinidades, Atum Y amón, dando lugar a Atum-Ra y Amón-Ra. Esta labor de sincretismo hizo que a Ra se le acabara considerando también un dios creador.

Su mito decía que, en el principio de los tiempos Ra vivía como un soberano, de aquí, de la Tierra. Su reino era un paraíso, pero a medida que fue envejeciendo, la humanidad empezó a burlarse de él y a perderle el respeto. Tuvo que castigarla por medio de su ojo, en forma de la diosa Hathor, pero desengañado, abandonó este mundo y fijo su morada en el cielo. Entonces, los hombres comenzaron a pelearse entre sí, acusándose mutuamente de haber sido los causantes de la desaparición del Sol.

Pero siempre benévolo, concedió muchos dones a la tierra de Egipto, entre ellos que el dios Thot fuese su representante en la Tierra en las horas de oscuridad, o sea, por la noche y el sabio dios creó la Luna. Otro de los grandes dones de Ra fue que les dio un monarca que les gobernase. Primero encargó la tarea a alguno de los dioses ya existentes, pero con el tiempo, fue un humano el designado para heredar el trono: el faraón.

Cuando acababa el día, Ra se retiraba y emprendía su viaje por el *duat*, a través del cuerpo de la diosa Nut, el Cielo. Este viaje por el mundo oscuro estaba erizado de problemas, de monstruos, que debía vencer cada noche, para poder reaparecer al día siguiente, asegurando, así, el ciclo del día y a la noche, el orden perfecto e inalterable del paso del tiempo. Así como durante el día navegaba por el cilo en su *mandjet*, o "barca de día", por la noche lo hacía en su *mesketet*, o "barca de noche", llamada también "la barca de los millones". Iba acompañado por una serie de divinidades menores que eran sus ayudantes en el manejo de la barca, así como de aquellos humanos destinados a vivir en la dicha de Ra y, entre ellos figuraban sus descendientes, o sea, los faraones muertos.

En este viaje nocturno Ra se encontraba con otro gran dios, Osiris, que reinaba en el mundo de las sombras, personificación de la resurrección y la vida. Ambos se abrazaban como "dos almas gemelas", y se intercambiaban el "hálito de vida". Ra salía siempre triunfante sobre los obstáculos que se le presentaban en el *duat*, mientras en la tierra, los sacerdotes de su gran templo de Karnak, y en los de todo Egipto dedicados a esta deidad, oraban para ayudar a su dios a vencer todos los peligros. Las primeras luces del amanecer ponían de manifiesto la victoria de Ra y la eficacia de las plegarias.

Durante su viaje diurno, Ra no estaba representado como un solo dios, sino que se le otorgaban cantidad de formas distintas. El Sol del amanecer, era Ra-Haractes, o "Ra,

Horus del horizonte". En el mito de Heliópolis, ciudad que le estaba dedicada y uno de sus principales centros de culto, Ra, en el alba aparecía como un niño dorado que salía de una flor de loto que flota sobre las aguas del Nun. Pero, generalmente, se representaba como Jepri, "aquel que vino a la vida", bajo la forma de un escarabajo pelotero.

Como Jepri permanecía hasta la hora del mediodía. Entonces su representación era la de un hermoso halcón, tocado con el disco solar sobre su cabeza. Y, hacia el final del día, Ra se convertía en Atum-Ra, el sol del ocaso. Se le representaba, a veces, en esta faceta, como un hombre mayor, un anciano con piel de oro, huesos de plata y cabello azul. Ya en el *duat* tomaba forma humana, con cabeza de carnero.

Su culto no se vio alterado por las invasiones que sufrió Egipto, es más las culturas foráneas acabaron por asimilar a Ra como divinidad principal. Sólo, durante el breve espacio de la reforma religiosa de Akhenatón, se vio arrinconado, si bien se siguió adorando al Sol, bajo la forma del disco solar.

Rat

En epocas tardías se creó una pareja para el gran Ra, Rat, una mujer representada con un disco solar sobre la cabeza inscrito entre cuernos. No parece que tuviera gran importancia y su nacimiento podría deberse a idea de que todos los dioses masculinos debían de tener una pareja femenina.

Renenutet

Era una diosa serpiente, a la que vemos intervenir en una de las historias de Astarté. Aunque en la mitología egipcia las serpientes tienen gran importancia, están siempre asociadas al caos y a la maldad, como en el caso de Apofis. Es lógico que se las temiera, pues su picadura podía ser mortal y abundaban mucho en el país del Nilo.

Sin embargo, la cobra Renenutet, cuyo nombre significa "la serpiente que alimenta" estaba considera como una de las divinidades que daba buena suerte y se la invocaba para conseguir una buena cosecha, un parto sin problemas o una vida feliz.

Resphu

Dios de origen sirio, que en su país era la deidad de la guerra: se le representa, en los monumentos egipcios como un guerrero: con escudo, lanza y un garrote. Sobre su frente aparece una gacela, un antiguo símbolo que representaba su dominio del desierto. En los textos egipcios Resphu es llamado "el gran dios, el señor de la eternidad, el señor de la fuerza doble entre la compañía de los dioses", aunque todos calificativos, también se aplicaban a otras divinidades autóctonas.

Parece que también era venerado en Chipre y en Cartago, y algunos mitógrafos creen que, además de dios de la guerra, lo era también del fuego que todo lo destruye y lo devoraba y del relámpago.

- S -

Saa

Es el dios del sentido del tacto y está representado por un hombre que lleva, sobre su cabeza, un signo compuesto de líneas paralelas, que según se van elevando, disminuyen de tamaño. En la versión tebano del *Libro de los Muertos*, este dios aparece en la sala del juicio de Osiris, donde se produce el pesaje de los corazones, mirando este acto entre otros dioses. En algunas ocasiones, se le ve navegando en la barca de Ra y hay textos que le consideran hijo de Geb, la Tierra. Personifica la inteligencia divina y humana.

Satem
Dios del sentido del oído, que se representaba como un hombre cuya cabeza estaba coronada por una oreja.

Satet o Satis
Considerada la diosa de la inundación, era la esposa principal o pareja del dios de la isla Elefantina, Khnemu o Jnum. Como él tenía que ver con el agua y según para indicar su nombre, "verter" o "esparcir", pudiera ser una primitiva divinidad de la lluvia.

En las manos llevaba, al igual que Neit, un arco y unas flechas, y algunos quieren ver en ellos, los símbolos de la lluvia y del relámpago. Se la acabó considerando una forma de Isis, ya que ambas estaban relacionadas con la estrella Sirio, cuya aparición en el cielo señalaba el inicio de las crecidas del Nilo.

Sef
Era el otro león que guardaba la puerta del amanecer, por la que el Sol, reaparecía en cada amanecer. Su nombre quiere decir "Ayer".

Sejmet
Fue la diosa leona creada a partir de un ojo de Ra, destinada a castigar a la humanidad. Cuando Ra envejeció y los hombres le perdieron el respeto, decidió castigarles

por su osadía. En un principio pensó en quemarlos con el calor de sus rayos, pero los hombres se escondieron y se protegieron, bajo las peñas, por lo que el castigo quedó sin efecto.

Entonces por consejo de los dioses, se decidió enviar el ojo de Ra, bajo la forma de Hathor-Sejmet. La benévola Hathor se convirtió en una leona, llena de fuerza y fiereza que llevó a cabo una auténtica masacre entre aquellos humanos desagradecidos que se mofaron de su divinidad protectora. Pero Ra, vio que al ritmo que actuaba la leona Sejmet, pronto quedaría exterminado el género humano, así que le ordenó volver.

Hathor-Sejmet parecía que no quería cejar en su empeño y Ra decidió engañarla. Con ocre rojo, del que se encuentra en Asuán, hizo preparar, al sumo sacerdote de Heliópolis, un combinación de cerveza y alcohol. El resultado fue un líquido rojo que parecía sangre y que mandó derramar sobre los campos sobre los que Sejmet iba a atacar al día siguiente. Al sobrevolarlos, la diosa creyó que estaban empapados de sangre y bajó hacia ellos para beber. Sin embargo, lo hizo con tanto ímpetu que perdió el conocimiento.

Al recobrarlo, los instintos homicidas de la diosa leona habían dado paso a la naturaleza bondadosa de Hathor.

Ra perdonó a los humanos y para firmar la paz, permitió que bebieran todo lo que quisieran en las festividades en honor de la diosa, a la que se consagró como "Señora de la Embriaguez".

Este mito procede la tumba de Tutankamón, pero parece mucho más antiguo, Su origen podría estar en un año en que, por causas desconcidas, no se produjeron las crecidas anuales del Nilo y murieron miles de egipcios a cuasa del hambre.

Serpientes, Las

De gran importancia en la mitología egipcia, las serpientes eran animales reverenciados y temidos, generalmente asociados al mal, aunque no siempre como vimos en el caso de la diosa serpiente Renenutet. Las cuatro divinidades femeninas de la Ogdóada, que estaban consideradas fuerzas del caos primitivo, estaban representadas por serpientes. Sin embargo, los egipcios estaban convencidos de que el fin del mundo, cuando sucediera, sería obra de la serpiente Apofis que luchaba, cada noche con el dios Ra, y este mismo dios, en el día del fin del mundo, se convertiría, también en una serpiente.

Set

Considerado el dios del desorden, y del mal, su origen era tan divino como el de sus hermanos Osiris, Isis, Neftis e Isis, todos ellos hijos de Geb y Nut.

Pero así como Osirirs tenía un natural bondadoso, Set tenía con él la maldad y la envidia, y, por si fuera poco, los celos le hicieron asesinar a su hermano para arrebatarle su trono en la Tierra. Pero, la amante esposa de Osiris encontró el cuerpo y cuando se disponía a tributarle un entierro de acorde con su dignidad, el malvado Set, no contento con haberle dado muerte, despedazó los despojos y los esparció por Egipto. De nuevo Isis, acompañada por su hermana Neftis, que a su vez era esposa de Set, recorrieron el país hasta lograr reunir los trozos dispersos, momificarlo, imprimirle un hálito de vida mediante los poderes mágicos de su esposa, que aprovechó para impregnarse con el semen de su divino esposo y concebir a Horus. Así pues, Osiris resucitó y reinó en el reino de los muertos.

Set creía que nadie podría vengar la muerte cruel de su hermano, pero Isis dio a luz escondida para evitar que su hijo pudiera sufrir algún daño a manos de su tío y lo crió, junto con Hathor, hasta que el niño se convirtió en un hombre. Entonces Horus, que reclamó el trono de su padre al usurpador, y Set se enzarzaron en un guerra sin cuartel que duró décadas y que parecía que no fuese a terminar jamás. Set se valió de todo tipo de estratagemas, astutas y malvadas, pero no salió vencedor. Con la ayuda incondicional de su madre, Isis, al final los dioses reconocieron los derechos de Horus.

Set, opuesto a Osiris y Horus, representa el desorden, el caos, las terribles tormentas de arena... pero era necesario para el orden del universo. El mal tenía que existir para que resplandeciese el bien, así como la oscuridad para que brille la luz. No obstante, a pesar de que sólo parecía tener connotaciones negativas, Set tenía sus devotos. Se creía que si se le invocaba podía deshacer el mal tiempo, y además se le consideraba dotado de una gran fuerza sexual, lo que despertaba admiración y una cierta fe en que de estas capacidades pudiesen participar sus fieles. Nunca fue una divinidad popular, pues aun sus devotos le temían, aunque no se les escapaba la importancia de que una divnidad como ésta debía estar de su parte, para evitar males mayores. Su centro de culto estaba en Naqada, y en las XIX y XX Dinastías, entre los años 1292 y 1075 a.C. consiguió un cierto éxito, pero en dinastías posteriores se le convirtió en el dios del mal y la encarnación del demonio.

Su representación era la de un hombre con cabeza de animal, pero un animal que no correspondía a ninguno de los conocidos en Egipto. Era una cabeza extraña, una criatura imaginaria, extremadamente rara, conocida como "la bestia de Set", que quería simbolizar ese aspecto de maldad y miedo que eran las esencias de esta divinidad.

Shehbui

Encarnaba a una divinidad menor, el viento del Sur, cuya representación era un hombre alado con la cabeza de un león.

Shu

Hijo del dios primigenio Atum, Shu era el dios del aire, hermano gemelo y esposo de Tefnut. Atum los creó para no sentirse tan solo, cuando únicamente existía él, y aunque se le escaparon, su otra hija, Hahor-Sejmet, naciada de uno de sus ojos, los encontró y los trajo de regreso.

Shu y Tefnut engendraron a la Geb, la Tierra y Nut, el Cielo. Pero ambos estaban tan unidos, que no quedaba entre ellos ningún resquicio, por lo que privaban al mundo de la atmósfera. A Atum, esta unión de los hermanos Geb y Nut, nietos suyos, no le gustaba nada por lo que ordenó a Shu que los separase. El dios de Aire se colocó sobre Geb, sosteniendo la cabeza de Nut de forma que no pudieran tocarse el uno al otro, pero Nut estaba ya embarazada de Geb. De esta unión nacerían los cinco grandes dioses egipcios de la segunda generación.

Sicomoro, El

Entre los pocos árboles a los que los egipcios tributaron veneración, se encuentra el sicomoro. Asociado a Hathor, la misma diosa emergía de entre sus ramas centrales en el mundo de los muertos. Desde allí ofrecía su ayuda a las almas que pasaban. También, en ocasiones, esta diosa sale de entre las ramas de una palmera, pero el sicomoro es el árbol que se atribuye con mayor asiduidad.

Fue también el árbol sagrado de la diosa Nut y se creía que los dobles de Hathor y Nut moraban en el sicomoro. A Hathor, en Menfis, se la llamaba "la Dama del Sicomoro". No es raro es ver ilustraciones en que, unos campesinos aparecen postrados, en actitud de adoración, ante uno de estos árboles, al que han llevado ofrendas de frutas y agua.

- T -

Tahurt o Taweret

Era la diosa de los hipopótamos, a la que se representaba como este animal, tal cual, o bien con figura femenina, de grandes pechos colgantes y vientre abultado, y simbolizaba a las mujeres embarazadas de las que era protectora.

A veces, a esta deidad se la encuentra acompañando a Hathor, y con el tiempo, se la identificó con casi todas las diosas del panteón egipcio.

Tamarisco, El

Este árbol estaba considerado sagrado porque, en su tronco, cobijó el cuerpo de Osiris, cuando fue arrojado al Nilo, dentro de un cofre, por su hermano Set. El cofre recaló en Byblos y encontró acomodo dentro de un tamarisco que se convirtió en un árbol de espléndida hermosura. Al verlo, el rey de Byblos lo hizo talar y llevar a su palacio para que sirviera de sostén a uno de sus techos. Y allí, Isis que buscaba a su perdido esposo, lo encontró.

Durante mucho tiempo, este tamarisco, aun cuando Isis ya se había llevado el cofre con los restos del dios Osiris, fue venerado en Byblos.

Tatjenen

Aunque el mito de creación en Egipto era ligeramente distinto, según en qué lugar geográfico del país se explicaba, en todos se coincidía en que la vida se había formado a partir de un montículo primigenio que surgió de las aguas elementales del caos. Este montículo ocupaba un lugar central en la cosmogonía egipcia y todos los centros de cultos se disputaban el honor de ser el lugar donde había emergido el montículo por primera vez.

Pues, bien, este montículo estaba representado por el dios Tatjenen, cuyo nombre, precisamente, significa "Tierra emergida".

Tefnut

Era la diosa de la Humedad, hermana gemela y esposa de Shu, el Aire, los dos primeros dioses que creó Atum. Ambos hermanos nacieron, según unas versiones, del semen de Atum y, en otras Shu nació por medio de un estornudo del dios primigenio y Tefnut, de un escupitajo de su divino padre.

Tefnut y Shu tuvieron dos hijos: Geb, la Tierra y Nut, el Cielo.

Thot o Tehuti

Como todos los grandes dioses egipcios es una divinidad muy compleja. Parece que su nacimiento se produjo al mismo tiempo que el de Ra y estaba considerado como el dios de la sabiduría, con multitud de atributos, todos positivos, y relacionados con el conocimiento y el saber.

A Thot se le menciona como el contador de las estrellas, medidor de la Tierra, gran señor de los libros, escriba de los dioses y poseedor del discurso divino.

Se le representaba como un hombre con cabeza de ibis y, algunas veces, con la forma completa de esta ave. En la cabeza lleva el creciente lunar, el disco solar y las coronas del Norte y del Sur de Egipto. En el *Libro de los Muertos* está ilustrado llevando el junco y la paleta del escriba, inscribiendo en las tablillas el registro de muertos que se pesan en su presencia. En otras representaciones de esta divinidad, aparece como un mono con cabeza de perro y, según parece, quiere simbolizar el equilibrio.

Su principal centro de culto se encontraba en Hermópolis, donde se creía que había surgido Ra. Objeto de gran veneración, a menudo era llamado "el ser silencioso", "el Atón plateado" o "la belleza de la noche", porque Thot estaba también asociado con la Luna y con la noche y el cielo nocturno.

Los escribas estaban considerados como "los seguidores de Thot". También era el gran bibliotecario lunar y se responsabilizaba de "los libros sagrados de la Casa de la Vida". En ellos se atesoraba todo el saber del antiguo Egipto, y entre ellos se encontraba el llamado *Libro de Thot*, compuesto por un total de cuarenta y dos papiros, de temas muy variados, que se suponían dictados por el mismo dios. Cuatro de estos papiros estaban dedicados al conocimiento astrológico; otros, eran himnos en honor a Thot, y también los había con temas de magia, medicina, filosofía, tradiciones religiosas y prácticas ceremoniales. Por desgracia, no se ha conservado ningún ejemplar del *Libro de Thot*, aunque parece que existió uno en la biblioteca de Alejandría, pero pereció en el gran incendio que acabó con ella en el siglo IV d.C.

Los griegos sintieron gran respeto por esta divinidad, a la que consideraban el dios del saber total, de todas las ciencias y de todas las artes. Su Hermes Trimegisto, no era más que el Thot egipcio, al que consideraban creador o inspirador de 17 tratados sobre conocimientos ocultos y teología, conocido como *Corpus Hermeticum*. Estos escritos herméticos tuvieron una gran influencia en los pensadores renacentistas.

Considerado una deidad bondadosa, Thot intervino en las discusiones de los dioses, siempre poniendo paz. Actúa en el enfrentamiento de Horus y Set, curando al primero cuando pierde un ojo a manos del segundo. Actuaba también como mensajero de los dioses y consigue, con su astucia, que la diosa Nut pueda dar a luz a sus hijos, ganando, en unas partidas, cinco días a los dioses o a la Luna.

- U -

Uadyet

Cuando Atum decidió buscar a sus hijos, Tefnut y Shu, lo hizo por medio de uno de sus ojos, al que dotó de vida, convirtiéndolo en la diosa Hathor -Sejmet. Este ojo deificado, los encontró e hizo que retornasen junto a su padre, y Atum agradecido por los servicios prestados, devolvió el ojo a su lugar bajo la forma de una cobra. Fue la diosa Uadyet, a la que el dios le confirió el poder de que fuese temida por los hombres y por los dioses.

Desde aquel momento, esta cobra, protectora del Bajo Egipto, fue incorporada a la corona de los faraones y fue conocida como el *ureo*. Se suponía que velaba por el faraón y que podía escupir fuego sobre los enemigos de éste.